_____ 님의 소중한 미래를 위해
이 책을 드립니다.

관계의 99%는 소통이다

관계의 99%는
소통이다

이현주 지음

사
람
을

움
직
이
는

소
통
의

힘

메이트북스

메이트북스 우리는 책이 독자를 위한 것임을 잊지 않는다.
우리는 독자의 꿈을 사랑하고,
그 꿈이 실현될 수 있는 도구를 세상에 내놓는다.

관계의 99%는 소통이다

초판 1쇄 발행 2016년 5월 2일 ┃ 2판 1쇄 발행 2018년 6월 5일 ┃ 지은이 이현주
펴낸곳 ㈜원앤원콘텐츠그룹 ┃ 펴낸이 강현규·정영훈
책임편집 최미임 ┃ 편집 안미성·이가진·이수민·김슬미
디자인 최정아·홍경숙 ┃ 마케팅 한성호·김윤성 ┃ 홍보 이선미·정채훈
등록번호 제301-2006-001호 ┃ 등록일자 2013년 5월 24일
주소 06132 서울시 강남구 논현로 507 성지하이츠빌 3차 1307호 ┃ 전화 (02)2234-7117
팩스 (02)2234-1086 ┃ 홈페이지 www.matebooks.co.kr ┃ 이메일 khg0109@hanmail.net
값 14,000원 ┃ ISBN 979-11-6002-128-8 03190

밖으로 나가서 남들을 바꿔 놓을 필요는 없습니다.
우리 자신의 생각들을 조금씩 바꿔 나가다 보면
주위 사람들과의 관계는 자동으로 개선됩니다.

• 앤드류 매튜스(세계적인 동기부여 전문가) •

바람직한 관계를 맺기 위해
소통하다

이 책은 2009년에 출간했던 『팀장의 심리학』을 대인관계와 소통에 초점을 두어 새롭게 보완·정리한 것이다. 『팀장의 심리학』을 쓴 후 꽤 많은 시간이 흘렀고, 그 시간 동안 많은 사람을 만나면서 그들의 고민을 함께해왔다. 고민의 내용은 모두 다르지만, 공통점이 있다면 주변 사람들과 제대로 소통이 되지 않는다고 느낄 때 그 고민의 깊이가 더해진다는 것이다.

관리자와 팀원처럼 상하 관계이거나 동료 관계 혹은 사적인 관계 모두에서 서로를 향해 통로가 열려 있다고 믿는다면, 예기치 못한 이슈가 발생하고 갈등 상황에 놓이더라도 해결의 실마리는 함께 찾아나갈 수 있다. 마침내 관계에서 호감이 만들어지고, 그 호감이 친밀감으로 돈독해질 때 그 관계는 문제나 갈등 상황에 당면해서도 깨지지 않을 수 있다. 이러한 관계가 강건하게 유지되기 위해서는 소통하려는 노력이 필수적이다.

소통은 내 마음을 전달하려는 욕구에서 비롯되지만, 다른 사람의 말을 기꺼이 들으려는 노력을 수반해야 비로소 이루어지는 과정이다. 즉 소통은 어느 한 사람의 마음을 전달하는 일방적 과정이 아니라, 서로 마음이 왕래하는 양방향 과정이다. 그럼에도 불구하고 우리는 내 이야기가 받아들여지지 않을 때만 소통이 안 된다고 답답해할 뿐, 자신이 얼마나 상대방에게 열려 있고 상대방의 말을 경청하고 있는지는 돌이켜보지 않는다. 어쩌면 지금도 내 마음을 전달하려고 지나치게 몰입한 나머지, 마음을 닫고 내 이야기만을 되풀이하면서 누군가에게 불통의 답답함을 주고 있는지도 모른다.

그런 관점에서 소통을 잘하기 위해서는 전달의 기술이 아니라 경청의 기술이 더 중요한 것 같다. 이 책에는 내 마음을 전달하고 더 잘 들을 수 있는 소통의 기술과 함께, 고민의 깊이를 더 하게 만드는 소통을 가로막는 욕구에 대해서 정리해보고자 했다. 부족한 글이지만, 소통이 가로막혀 행여 불통에 이르지 않도록 내 마음을 자각하고 다스리는 데 도움이 되었으면 한다.

끝으로 항상 지지해주는 주선과 수빈, 그리고 책을 쓸 수 있도록 가르침과 깨우침을 나누어준 모든 내담자에게 감사를 전한다.

이현주

{ 차례 }

지은이의 말_ 바람직한 관계를 맺기 위해 소통하다 6
프롤로그_ 소통의 시작은 신뢰를 쌓는 것이다 12

 1장 자신의 마음과
소통하는 것이 먼저다

나는 어떤 방식으로 세상과 소통하는가? … 21

나는 내가 제일 잘 안다? 22 | 나의 의사소통 유형 체크해보기 26

자신의 모습을 있는 그대로 인정하고 수용하라 … 38

자신의 부족한 부분 인정하기 39 | 자신의 강점 자각하기 41 | 장단점은 동전
의 양면과 같다 45 | 단점이 드러나는 것에도 편안해져라 47

2장 소통의 기술에는
무엇이 있는가?

경청보다 중요한 것은 없다 ···53
'들리는 것'과 '듣는 것'의 차이를 알자 54 | 경청을 방해하는 4가지 유형 56

경청에도 기술이 필요하다 ···62
정보의 두 줄기, 사실과 감정 63 | 언어적 표현과 비언어적 표현 64

공감이 무엇보다 중요하다 ···70
선공감 후조언 71 | 진정으로 공감하는 법을 익혀라 75 | 공감을 방해하는 5가지 편견 80

공감의 기술에는 어떤 것이 있는가? ···84
상황 표현은 구체적으로 하라 85 | 상황에 맞는 공감적 표현과 비공감적 표현 86

솔직함과 진정성이 상대의 마음을 열게 한다 ···88
솔직함에 대한 4가지 오해 89 | 솔직함을 표현하는 현명한 방법 91

피드백은 더 나은 결과를 얻기 위한 소통이다 ···96
피드백할 때 반드시 고려해야 할 4가지 98 | 효과적인 피드백의 요건 100

질문으로 소통의 해결책을 찾을 수 있다 ··· 102
질문의 5가지 장점 103 | 질문의 2가지 기능 105 | 문제 해결을 위한 질문 106 | 동기부여를 위한 질문 106 | 질문시 반드시 유의해야 할 사항 107

부정적 감정은 '나 전달법'으로 전달하라 ···110
'나 전달법'을 적극 사용해 의사소통하자 112 | '나 전달법'의 표현 방식 113 | '나 전달법'으로 마음을 전달하는 연습을 하라 114

칭찬은 소통의 결과를 바꿀 수 있다 … 117

사람은 누구나 장점이 있다 118 | 자기충족적 예언으로 장점을 찾기 어렵다 119 |
마음을 움직이려면 장점을 발견하라 120 | 상대방의 장점을 찾는 연습 122 |
칭찬을 효과적으로 하는 3가지 방법 123

조언은 조언다워야 한다 … 128

효과적인 조언을 위한 5단계 방식 129 | 효과적인 조언을 위한 연습 132

3장 소통을 위한
자기관리가 중요하다

불통에 빠지지 않으려면 어떻게 해야 하는가? … 139

자기 말만 반복하는 귀머거리 유형 140 | 중요하지 않은 세부 사항에 집착하
는 꼬투리 유형 141 | 분명하게 표현하지 못하는 아메바 유형 143 | 넘겨짚기
의 달인, 지레짐작형 147 | 상대방의 의도를 의심부터 하는 불신형 149

소통을 가로막는 7가지 태도 … 153

냉소적인 태도 154 | 세부에 집착하는 태도 160 | 방어적인 태도 163 | 과시
하는 태도 168 | 모호하고 우유부단한 태도 170 | 통제하려는 태도 174 | 감
정적 태도 176

소통을 위한 마음 다스리기, 이렇게 하면 효과적이다 … 181

쉽게 통하지 않는다는 사실을 인정한다 182 | 편견이나 선입견을 버려라 185 |
마음의 기준을 유연하게 하라 187 | 나의 기준은 얼마나 촘촘하고 완고한
가? 189 | 익숙함과 불편함의 적당한 균형 192

4장 상황에 따라 적합한
소통 방식은 따로 있다

상하관계, 어떻게 소통할 것인가? ··· 197

부하의 신뢰를 얻어라 198 | 주인의식을 심어주어라 199 | 각 상황과 대상에
맞게 역할을 수행하라 200 | 구성원을 인격체로서 존중하고 관심을 표현하
라 201 | 팀원의 경력 관리에 관심을 두는 3가지 방법 204

남자와 여자, 어떻게 소통할 것인가? ··· 207

성별에 대한 고정관념 지양하기 208 | 눈물은 반응 중 하나일 뿐이다 211 |
여자 팀원은 아내도 아니고 딸도 아니다 212 | 남자와 여자, 의사소통 방식의
차이 214

세대 차이, 어떻게 소통할 것인가? ··· 218

고민의 대부분은 표현 방식과 관련 있다 219

소통이 까다로운 유형과는 이렇게 소통하자 ··· 222

불평불만이 많은 투덜형 223 | 항상 침체되어 있는 우울형 225 | 가까이하기
두려운 공격형 226 | 어떻게 소통할 것인가? 226

에필로그_ 갈등과 차이를 두려워하지 마라 230
『관계의 99%는 소통이다』 저자와의 인터뷰 232

소통의 시작은
신뢰를 쌓는 것이다

소통의 과잉이라고 할 만큼 자신의 의견을 표현할 수 있는 다양한 개인 채널이 풍부한 시대다. 사람들은 여러 SNS 채널을 통해서 시시각각으로 사소하고 잡다한 사건과 그에 대한 단상을 표현한다. 그런데도 소통이 되지 않는다며 외로워하고 답답해한다. 그러면서 소통을 원활하게 하기 위해 또 다른 새로운 방법을 구상해야 한다고 주장한다.

　자신의 의견을 표현하는 경로는 참으로 다양해졌고, 그만큼 간편해졌는데도 사람들이 소통이 제대로 되지 않는다고 생각하는 이유는 무엇일까? 아마도 표현하는 만큼 충분히 이해받지 못한다고 느끼기 때문일 것이다.

　나의 마음과 생각은 가슴속에 묻어두는 것보다 밖으로 드러내는 것이 만족스러울 수 있다. 하지만 드러내는 것만으로는 충분하지 않을 것이다. 마음과 생각을 표현하고, 그것을 주변 사람들과 공유하고 그들에게서 지지 받았다고 느낄 때 비로소 만족감은 충만해지기 때문이다. 이때 우리는 소위 '소통'하고 있다고 느낀다. 소통은 본질적으로 양방향이라서 일방적인 표현만으로는 충분하지 않게 느껴진다. 그래서 SNS에 글을 올린 후에 '좋아요'가 몇 개인지, 댓글이 몇 개인지, 추천이 몇 개인지, 방문자가 몇 명인지 확인하면서 뿌듯해하거나 실망하는 것이다.

　결국 소통이란 자신을 잘 표현하는 것뿐만 아니라 상대방의 이야기를 잘 들어주는 것도 중요하다. 양방향의 관계인 만큼 어느 하나가 수반되지 않으면, 균형이 이루어지지 않으면 원할한 소통은 어렵다. 그렇다면 소통이 원활해지지 않는 이유는 무엇일까?

　첫째, 자신을 표현하려는 욕구가 먼저 앞서기 때문이다. 이러한 욕구가 앞서면 경청하려는 마음의 여유가 생기기 어렵다. 의사소통을 할 때 화자와 청자가 모두 필요하다. 화자와 청자 중 한쪽만 있다면 의사소통이 제대로 이루어질 수 없다. 다시 말해 한편에서 이야기를 하면 다른 한편에서는 기꺼이 들어주어야 한다.

그런데 나를 나타내는 데 마음이 조급해지면 상대방의 표현을 들여다보고 이해하려는 데는 마음의 여유가 없어지게 된다. 모두가 말하려고만 하고 들어주는 이는 없다면 답답하고 공허한 마음은 쌓여가고, 그만큼 더 큰소리로 더 많이 표현하는 데 집중하게 되는 악순환을 반복할 것이다.

의사소통관계 속에서 우리는 화자이자 청자다. 어느 한쪽의 역할만을 고수할 수는 없다. 그러니 의사소통을 제대로 하기 위해서는 내 의견을 잘 전달하는 기술뿐만 아니라 상대방의 의견을 제대로 이해하는 기술도 필요하다. 대부분의 사람들이 화자가 되려는 마음이 더 크므로 청자의 역할을 수행하는 데 더 많은 노력을 기울여야 한다.

둘째, 의사소통은 인간관계의 맥락 속에서 이루어진다는 사실을 종종 간과하기 때문이다. 새로운 인간관계보다는 친밀한 관계 속에서 소통이 더 쉬우며, 갈등이 내재된 관계보다는 호의적인 관계 맥락 안에서 의사소통은 더 쉽고 빠르게 이루어진다. 친밀하거나 호의적인 관계의 기저에는 신뢰가 깔려 있다. 의사소통을 원활하게 만들려면 먼저 신뢰를 쌓는 것이 필요하다. 관계의 신뢰성을 쌓는 데 투자하지 않고 피상적인 기술만을 익히면, 그 기술이 아무리 복잡하고 화려해도 효과적이지 않다.

상대방에 대한 신뢰가 기반이 되면 마음이 열리고 수용적인 자세로 상대방의 이야기를 듣게 된다. 반면에 마음이 열리지 않으면 표현의 기술이 아무리 화려하고 능숙해도 소통은 복잡하고 어려워지기 쉽다. 즉 기술이 다소 투박하고 미숙하더라도 믿을 수 있는 사람이 하는 이야기라면 의사소통은 한결 빠르고 쉬워진다. 예컨대 친밀한 관계에 있는 사람의 이야기에는 다소 빠진 부분이 있고, 잘 들어맞지 않는 부분이 있어도 굳이 따지지 않고 이해하고 넘어가게 된다. 그리고 신뢰할 수 있는 사람과의 의사소통에서는 상대방이 설사 말실수를 하더라도 적극적으로 이해하려고 한다.

이 책에서는 인간관계를 기반으로 마음으로 다가가는 소통에 대해 다루고 있다. 아무리 화려한 기술을 쓰더라도 진심을 담고 있지 않으면 서로 통하기 어렵다.

그렇다면 어떻게 해야 마음에 다가가는 소통을 할 수 있을까? 마음으로 다가가는 소통을 위해서는 자신을 표현하고 이해를 구하려는 마음이 앞서나가 소통을 가로막지 않도록 조절할 수 있어야 하고, 원활한 소통을 위해서 신뢰로운 관계를 쌓을 수 있어야 한다.

첫째, 앞서가는 내 마음을 조절하기 위해서는 자신에게 중요한 욕구가 무엇인지 이해하는 것이 도움이 된다. 자신이 소통을 통해 원하는 중요한 욕구가 무엇인지 자각하게 되면 그것을 얻기 위해 효과적인 방법을 찾을 수 있을 뿐 아니라, 간혹 그것을 얻는 것이 여의치 않을 때라도 조급함에 휘둘리지 않을 수 있다.

자신을 자각한 후에는 다스릴 줄 알아야 한다. 의사소통은 지속적으로 이어지는 과정이고, 그 과정 속에서 소통을 가로막는 장애물을 다룰 수 있어야 한다. 장애물은 자신의 감정일 수도 있고 편견일 수도 있다. 이를 다스리지 못하면 대립을 만들어내고 벽을 쌓게 될 수 있다.

둘째, 경청·공감·솔직함 등 상대방과 신뢰로운 관계를 형성하기 위한 노력이 필요하다. 그 중에서도 경청은 신뢰로운 관계를 형성하는 데 가장 근간이 된다. 닭이 먼저인지 달걀이 먼저인지를 논쟁하는 것처럼, 많은 사람들은 자신의 이야기를 먼저 들어주면 그다음에 상대방의 이야기를 들어주겠다고 한다. 상대방이 성의를 보이면, 마음을 열어 보이면 그때 자신도 노력을 해보겠노라고 한다. 그러나 내가 먼저 귀를 열지 않으면 의사소통은 제대로 이루어지기 어렵다.

의사소통은 상호작용이다. 자신은 들으려고 하지 않으면서 내 이야기만 일방적으로 하려는 것은 이기심에 불과하다. 먼저 내 마음을 열고 기꺼이 들을 수 있는 준비가 되어야 한다. 경쟁적이고 바쁘게 돌아가는 분위기일수록 다른 이야기에 귀를 기울이

16

는 데 소홀해지는 경향이 있다. 빠른 의사결정을 위해서 여러 사람의 이야기를 다 들어줄 여유도 없고, 열심히 듣고 의견을 나누어봐도 어차피 정해져 있는데 불필요한 가식이라고 생각하기 때문이다. 그러나 의사결정에 기여되는 부분과 관계없이 내 의견이 경청된다는 것은 신뢰감을 쌓아가는 데 매우 중요한 요소다. 경청은 간단하면서도 강력하게 상대방에 대한 존중을 표현할 수 있는 방법이다.

셋째, 신뢰감 있는 관계를 구축했다면 이를 기반으로 소통을 촉진하는 표현기술이 필요하다. "아 다르고 어 다르다."라는 말이 있다. 말 한마디가 이전에 쌓아놓은 상호 간의 신뢰를 무너뜨리기도 하고, 더욱 공고히 다지기도 한다. 어떻게 하면 상대방의 마음을 움직일 수 있을지 생각해보자.

"이만하면 남의 이야기를 잘 들어주는 편이라고 생각합니다. 어떻게든 그 사람의 입장을 이해해서 도움이 되는 조언을 해주려고 하거든요. 그런데 왜 사람들은 저더러 제 이야기만 한다고 하는 거죠?"

소통은 양방향의 과정이다. 소통이 되지 않는다고 느낀다면, 그것은 양자에게 모두 책임이 있다. 조화로운 관계를 위한 소통을 시작하기 위해서 상대를 살피기 전에 나를 돌이켜보고 이해하는 것이 우선이다.

1장

자신의 마음과
소통하는 것이 먼저다

나는 어떤 방식으로
세상과 소통하는가?

. . .

소통은 내 이야기를 하는 것이 아니라 남의 이야기를 기꺼이 들어주려는 마음에서 시작한다. 내 마음에 대한 자각과 이해가 기반이 되어야 상대방의 이야기를 위한 여백을 만들어줄 수 있다.

잡지에서 본 멋진 옷이나 쇼윈도에 진열된 세련된 옷 한 벌을 그대로 사서 입는다고 해도 모델이나 마네킹이 입었을 때의 멋진 모습과 느낌이 그대로 나타나지는 않는다. 동일한 옷이더라도 입는 사람의 개성에 따라 느낌은 달라진다. 옷을 잘 입는 사람은 자신의 체형과 얼굴의 장단점을 파악해 장점이 잘 드러나게 하는 사람이라고 한다.

소통도 마찬가지다. 훌륭한 소통의 기술을 아무리 많이 습득하고 있어도 그것을 활용하는 사람이 자신의 특성을 잘 파악하고,

강점은 강화하며, 부족한 점은 보완할 수 있어야 소통을 더욱 잘할 수 있다.

사람마다 성격이 다르듯이 선호하는 소통 방식도 다르다. 그런 의미에서 소통을 잘하려면 우선 자신의 소통 방식을 아는 것부터 시작해야 한다.

나는 내가 제일 잘 안다?

나에 대해서는 내가 가장 잘 안다. 성격·선호도·내면 갈등 등 남들이 미처 알지 못하는 세세한 심리까지 잘 알고 있다. 현재 느끼는 어려움이 무엇인지, 그로 인해 내가 어떤 행동을 했는지, 앞으로 어떻게 하고 싶은지 등 각자의 마음에 대해 자기 자신보다 더 잘 아는 사람은 없을 것이다.

그런데 객관적으로 보이는 모습은 내가 알고 있는 바와 얼마나 일치할까? 다른 사람들, 즉 선후배나 동료들이 주는 피드백에 귀를 기울이거나 간단히 자기 체크를 해보는 것은 자신의 객관적인 모습을 확인하고, 자신에 대해 객관적으로 바라볼 수 있는 기회를 제공한다.

심리검사는 자신을 객관적으로 파악할 수 있는 좋은 도구다.

사람마다 성격이 다르듯이 선호하는 소통 방식도 다르다.
그런 의미에서 소통을 잘하려면 우선
자신의 소통 방식을 아는 것부터 시작해야 한다.

이러한 심리검사를 권하면 간혹 "내 성격은 내가 제일 잘 아는데, 왜 굳이 검사를 해야 합니까?"라고 반문하는 사람이 있다. 수십 년 살아온 인생의 면면을 다 알고 있는 자기 자신보다 문항 몇 개를 통한 심리검사가 자신의 심리를 더 깊이 알 수는 없으므로 일리가 있는 말이다.

하지만 관점은 조금 다를 수 있다. 사람들은 대부분 자기 입장에서만 자기 자신을 보기 때문에 다양한 모습을 가진 자신을 스스로 깨닫지 못할 수 있다. 거울을 통해 보던 익숙한 자신의 얼굴이 사진으로 보면 조금 어색해 보이듯이 말이다.

오른쪽 페이지에 자신의 의사소통 유형을 확인할 수 있는 체크리스트가 있다. 이 체크리스트 결과를 통해 자신의 모습을 객관적으로 살펴볼 수 있을 것이다. 의사소통에서 나타나는 모습은 4가지 유형으로 나뉜다. 체크리스트는 크게 두 축으로 구분되는데, 하나는 자신을 표현하는 데 얼마나 적극적인지, 다른 하나는 인간관계와 과제수행 중 무엇을 더 중요하게 여기는지에 대한 것이다.

체크리스트의 활용법은 간단하다. 각 문항별로 대구를 이루는 A와 B, C와 D 중 자신의 모습에 더 가까운 문항을 선택해 그 합계를 확인하면 된다. 자신을 표현하는 유형, 그리고 사람과 업무 중의 중요도를 확인하는 유형 중 각각 체크한 문항수가 더 많은

···▸ 나의 유형을 체크하는 체크리스트

A		B	
☐	회의시 큰소리를 내며 열의를 가지고 이야기한다.	☐	회의시 조용하고 차분하게 이야기한다.
☐	말을 하면서 생각을 정리한다.	☐	생각을 정리한 후 말한다.
☐	평상시에 말을 많이 하는 편이다.	☐	꼭 필요할 때만 말한다.
☐	미리 생각하지 않고 행동할 때가 있다.	☐	행동하기 전에 많이 생각하고, 때로는 생각에만 그친다.
☐	서면보다는 사람과 직접 대면하는 것을 좋아한다.	☐	사람과 대면하는 것보다 서면이 더 편하다.
☐	목소리 낮추라는 소리를 듣는다.	☐	목소리를 조금 높이라는 지적을 받는다.
☐	먼저 대화를 시작한다.	☐	대화가 시작될 때까지 기다린다.
계		계	

C		D	
☐	성과를 위해서는 구성원의 희생은 불가피하다.	☐	구성원 간의 조화가 최대 성과를 거둔다.
☐	계획의 장점과 단점을 먼저 생각한다.	☐	계획이 사람들에게 미치는 영향을 먼저 생각한다.
☐	객관적·비판적으로 말하는 편이다.	☐	사람들의 의견을 존중하며 말하는 편이다.
☐	사적 요소가 배제된 객관성을 찾는다.	☐	각자의 입장을 고려해 조화를 찾는다.
☐	타인의 마음이 상했는지 잘 모른다.	☐	타인의 마음을 예측하고 행동한다.
☐	적당한 때에 비판할 수 있다.	☐	적당한 때에 격려할 수 있다.
☐	논쟁이 필수적이라고 생각한다.	☐	논쟁은 필요악이라고 생각한다.
계		계	

구분	표현도 높음(A)	표현도 낮음(B)
업무중심적(C)	A·C = 주장형	B·C = 정확형
관계중심적(D)	A·D = 친교형	B·D = 조화형

것을 찾은 다음 각각의 유형을 조합해 위의 표에서 자신의 스타일을 확인해보자.

이 체크리스트 조합을 통해 자신의 의사소통 유형에 대해서 확인했다면, 유형별 사례를 통해 구체적인 특징을 살펴보자.

나의 의사소통 유형 체크해보기

A·C = 주장형
···→ 논리추구형으로 자기주장이 분명하나 지나치면 독선적인 유형

A씨는 자기주장이 분명한 사람이다. 업무 회의에서 자신의 생각을 구체적 사례나 이론적 근거를 들어가면서 논리적이고 간결하게 이야기하는 편이다. 반대 의견이 나오면 눈빛이 반짝이며 그의 강점이 드러난다. 요목조목 상대방의 의견에서 문제점을 지적하고, 자신의 의견이 어떤 점에서 더 합당한가에 대해 주장하

는데, 웬만해서는 그의 설득을 피해가기 어렵다. A씨는 이야기가 장황해지는 것을 잘 참지 못한다. 부연설명이 길어지면 "그래서 요점이 뭔가요? 하려는 이야기가 뭐죠? 우선 결론부터 이야기하죠."라고 말하고는 한다.

직선적이고 간결함을 추구하는 그의 소통 스타일은 사적인 자리에서는 다소 부드러워지지만 여전히 강한 편이다. 자기표현을 잘하기 때문에 그가 있는 자리는 활기가 넘치는데, 시간이 조금 지나면 함께한 사람들과 갑론을박해 일상적 주제에서 시작한 이야기가 토론의 주제로 변해버리고는 한다. 동료들이 처한 문제에 대해 합리적인 대안을 제시해준다는 점에서는 고마운 일이지만, 다른 사람의 입장을 충분히 듣지 않고 이래라저래라 하는 것 같이 보이기도 해서 가끔 주변의 반감을 사기도 한다.

주장형은 자신의 논리를 주변 사람에게 설명하는 것을 즐기고, 간단하고 요약된 방식으로 소통하는 편이다. 자기표현이 많고 목소리도 큰 편이며, 말이 빠르고, 이야기할 때 적극적으로 시선을 맞춘다. 또 사고가 논리적이고 명확하며, 자신의 의견을 주장하고 상대방의 주장을 반박하는 속도가 빨라서 업무 회의처럼 토론이 필요한 자리에서 강하다.

하지만 지나치게 자신의 생각에 몰두할 경우 상대방의 이야기에 귀를 기울이지 않을 수 있다. 이야기를 나누면서 상대방의 이야기를 미처 다 듣기도 전에 빠르게 결론을 내리게 되면 상대방의 이야기에 대한 흥미가 사라지므로 지속적으로 주의를 기울이기 어렵다. 또한 객관적인 사실에 근거한 소통을 중시하다 보면 상대방의 감정이나 주관적인 판단의 중요성을 간과하기 쉽다. 때문에 간혹 상대방의 입장에서는 자신의 의견이 무시되는 듯한 느낌을 받을 수 있다. 종종 이것이 원활한 소통의 걸림돌이 될 수 있으니 주의해야 한다.

A·D = 친교형
… 친교를 주도하는 관계추구형

B씨는 사람들과 나누는 정담을 즐기는 사람이다. 지난밤에 보았던 드라마부터 최근 논란이 되고 있는 사회 이슈까지 그와 함께 있으면 모두 재미있는 이야깃거리가 된다. 즐거운 분위기를 이끌어내다 보니 주변에 사람이 많이 모이는 편이고, 그가 이런저런 모임자리를 주도하기도 한다. 그는 특별한 목적이 없더라도 사람들과 즐거운 시간을 나누었다는 것만으로도 충분히 의미가 있다고 생각한다.

친교와 화목을 중시하는 그의 소통 스타일은 간혹 업무장면에서는 잘 어울리지 않을 때가 있다. 상대적으로 중요하지 않은 사변적인 주제에 시간을 할애하다가 정작 중요한 이야기를 하지 못하고 회의를 마쳐야 할 때도 있다. 또 서로 생각이 달라서 상대방에 대한 공격적인 어조가 오가면 서둘러 이야기를 끝맺으려고 하다가 합의를 제대로 이끌어내지 못해서 그다음 진행하는 업무에 어려움을 초래하기도 한다.

친교형은 화목하고 조화로운 분위기를 추구하며, 다양한 입장과 관점을 나누는 것을 즐긴다. 주장형처럼 자기표현이 활발하지만, 주제를 논리적으로 전달해 설득하는 것보다는 자신의 가치관을 여러 사람과 공유해서 공감대와 친밀감을 높여가는 것을 더 중시하는 경향이 있다. 또한 친교형에 해당하는 사람은 여러 의견을 들으면 상호 이해가 깊어진다고 생각한다. 출연자의 행동에 호응해주는 방청객처럼 다른 사람이 이야기할 때 호응을 잘해주는 편이라서 자연스럽게 친교형과 이야기할 때는 흥이 나고 좀 더 활기 있는 분위기가 된다.

하지만 친교와 조화를 지나치게 중시하면 이야기를 나누는 과정중에 자연스럽게 일어날 수 있는 긴장감이나 갈등을 견디지 못해서 피하려고 할 수 있다. 사적인 관계에서는 서로 의견이 다르다고 해도 합의점을 찾지 않고, 차이를 인정하는 것만으로도 관계를 지속하는 데는 별 문제가 없을 수 있다. 하지만 이해관계가 얽혀 있는 관계에서는 항상 화목한 분위기를 유지할 수 없다. 부정적인 주제의 이야기를 나누는 것을 불편해하고 "뭘 그렇게

친교와 조화를 지나치게 중시하면 이야기를 나누는 과정중에
자연스럽게 일어날 수 있는 긴장감이나 갈등을
견디지 못해서 피하려고 할 수 있다.

따지려고 하나. 그냥 좋게 좋게 넘어가고 서로 기분 좋은 이야기나 하자."와 같은 방식의 태도는 오히려 주변 사람과 소통을 어렵게 해서 갈등을 만들거나 친밀감을 저하할 수 있다.

B·C = 정확형
⤳ 절제된 방식의 정확추구형

C씨는 절제된 방식으로 정확한 의사소통을 추구하는 편이다. 말수가 많지 않고, 상황에 맞는 필요한 이야기를 신중하게 표현하는 것을 선호한다. 머릿속에서 정리되고 정제된 후에 나오는 그의 표현은 정확하고 군더더기가 없다. 틀린 말은 아니지만, 감정이 절제되어 있는 그의 간결한 표현 방식은 냉정하게 느껴지기도 한다. 업무장면에서 자기주장을 크게 하는 편은 아니지만, 아니다 싶으면 조목조목 논리적으로 지적한다. 주제와 관련없는 이야기를 길게 하는 것을 싫어하고 '쓸데없이 말을 많이 하는 것'을 경계한다. 무엇보다도 정확성을 중시하는 그의 소통 유형은 업무효율을 높이고 신뢰를 쌓을 수 있다는 관점에서는 강점이라고 볼 수 있다.

하지만 사적인 관계에서 보면 정확형은 다가가기 쉽지 않은 사람이다. 섣불리 괜한 이야기를 했다가 반응이 없어 무안해지기도 하고, 쓸데없는 이야기를 한다고 지청구를 받기도 한다. 예를 들면 "그건 (논리적으로) 말이 안 되는 이야기야." "그건 한쪽 측면을 과장해서 하는 이야기 같아."와 같이 동료들의 이야기가 객관적 입장에서 볼 때 얼마나 타당한가에 대해서 평가하는 투의 이야기를 자주 한다. 그렇기 때문에 그와 이야기하는 자리에서는 아무 말이나 편안하게 하기 어렵고, 긴장도가 높아지면서 분위기가 딱딱하고 가라앉게 된다.

정확형에 해당하는 사람은 객관적 사실에 근거한 정확한 표현을 논리적으로 전달하는 것을 중요하게 생각한다. 자기표현이 절제되어 있고, 억양도 단조로우며, 표정도 그리 풍부하지 않은 편이다. 주장형처럼 객관적이고 논리적인 방식을 선호하지만, 자기표현이 적극적이지 않다. 생각이 정리된 후에 말해서 순발력이 필요한 소통장면에서 자신의 생각을 마음껏 표현하지 못하고 나중에서야 '이렇게 말했어야 하는데….'라고 생각하며 후회하는 일이 종종 있다.

전반적으로 보면 정확하고 간결한 표현을 선호하는 정확형은 업무장면과 같은 객관적 사실 전달이 중요한 상황에서는 강점을 발휘할 수 있다. 하지만 사적인 장면에서 보면, 정확형의 소통 방식은 친밀한 감정을 교류하기에는 적합하지 않은 면이 있다. 업무나 과제에서는 정확성이 중요하지만, 사적인 자리에서 나누는 정담에서는 표현의 정확성이 중요한 덕목이 될 수 없기 때문이다. 예컨대 친목을 도모하는 자리에서는 확인하지 않은 이야기를 하거나 과장이 섞이기 마련인데 정확형의 사람들은 그것을 불편해하고, 그 불편함이 주변에 전해지면서 전체 분위기까지 침체시킨다.

B·D = 조화형
⋯ 주변에 자신을 맞추는 동조형

D씨는 자신의 의견을 잘 드러내지 않고 주로 주변 의견에 따르는 편이다. 간혹 의견을 표현해야 하는 경우에도 전체적인 흐름이나 분위기를 해치지 않는 선에 머무르는 편이고, 강한 표현보다는 부드럽고 온건한 방식으로 이야기하기를 선호한다. 남의 이야기를 가타부타 하지 않고 들어주는 편이라서 그의 주변 사람들은 그와 대화를 나누다 보면 자연스럽게 자기 이야기를 많이 하게 된다고 말한다.

자신의 의견을 주장하기보다는 상대방을 배려해주는 그에게 사람들은 인간적으로는 호감을 느끼지만, 업무적으로는 종종 그를 답답한 사람이라고 느끼기도 한다. 특히 주도적인 입장에서 주제를 논의하고 결정을 내려야 할 때 주변과 조화를 추구하려는 그의 태도는 일에 속도를 내지 못하게 한다. 그를 아끼는 사람들은 D씨가 자신의 속마음을 제대로 표현하지 못하다 보니 거절해도 괜찮은 남들의 부탁을 떠맡는 등 손해를 보는 것 같다고 안타까워한다.

조화형의 사람들은 자기표현이 적으며, 부드럽고 온화한 방식의 대화를 선호한다. 말수가 적은 것은 정확형의 사람들과 마찬가지만, 말을 절제한다기보다는 주변을 배려하는 것처럼 보인다. 그들의 표현이 주변에 대한 분석이나 비판이 아니라 다른 사람의 의견에 대한 동조나 지지이기 때문이다. 주장형이나 정확형처럼 분명하게 자기 생각을 표현하는 것보다는 친교형처럼 소통을 통해서 감정을 나누고 친밀감을 교류하는 것이 더 중요하다고 생각한다. 인간관계에서 이런 소통 유형은 호감을 얻을 가능성이 높다. 말하고 싶은 사람은 넘치고, 남의 이야기를 들어주는 사람을 만나기 어려운 이 시대에 조화형은 누구보다도 잘 들어주기 때문이다.

하지만 조화보다 성취가 더 중요한 업무장면에서 조화형의 소통 방식은 답답하게 보일 수 있다. 분명하게 자신의 의견을 표현하게 되면 모든 사람과 조화를 이룰 수는 없다. 어느 일부와는 긴장과 갈등이 생기는 것이 불가피한 것이다. 그러나 이 긴장과 갈등을 피하려는 마음으로 의사표현을 하지 않으면 결정의 속도가 느려질 수 있고, 성취에는 도움이 안 될 수도 있다.

상황에 어울리는 소통 방식을 적절하게 선택해
활용하고 있는지 검토해보는 것도
자신을 돌아보는 데 도움이 될 것이다.

자신을 객관적 입장에서 돌이켜보자

이 4가지 유형 중에서 자신이 자주 사용하는 소통 방식은 어떤 것인지 확인해보자. 물론 상황에 따라, 소통하는 대상에 따라서 이 4가지 유형 중 다른 방식을 채용할 수 있다. 업무장면에서는 주장형이나 정확형을 주로 사용하고, 가족이나 친구들과 개인적인 시간을 보낼 때는 친교형이나 조화형의 소통 방식을 사용할 수도 있다. 혹은 낯선 상황에서는 조화형이나 정확형처럼 자기표현을 적극적으로 하지 않다가, 시간이 지나서 상황에 익숙해지면 주장형이나 친교형의 소통 방식을 쓸 수도 있다. 각각의 소통 방식에는 장점과 단점이 있다. 상황에 어울리는 소통 방식을 적절하게 선택해 활용하고 있는지 검토해보는 것도 자신을 돌아보는 데 도움이 될 것이다.

한편 주변 사람들이 자신의 생각과 동일하게 자신을 평가할지에 대해서도 한번 탐색해보기 바란다. 내가 생각하기에는 나 자신이 부드럽고 온건하게 자신을 표현하고, 주변과 조화를 추구하는 방식으로 소통하고 있다고 생각하지만, 사람들이 보기에는 목소리만 조용하고 낮을 뿐 객관적 사실에 근거해서 비판하고 분석하는 것을 즐기는 것으로 볼 수도 있다. 만일 이러한 차이가 있다면 의도한 바와는 다르게 소통하고 있는 셈이니 자신의 의도를 제대로 표현할 수 있는 기술이 필요하다.

자신을 객관적 입장에서 돌이켜보는 일은 다른 사람의 반응을 이해할 때 도움이 될 수 있다. 갈등은 서로 다른 두 사람이 어느 한쪽이 틀렸다고 생각하고, 상대를 나와 동일하게 맞추려고 할 때 발생한다. 내가 있는 그대로 인정받고 싶은 것처럼 상대를 있는 그대로 받아들일 때 서로 간의 긴장감은 완화되며, 갈등을 풀어갈 수 있는 실마리를 찾아 조화로운 관계에 좀더 가깝게 다가갈 수 있게 된다.

 나와 다른 소통 유형 이해하기

- 사람은 모두 자기에게 익숙한 방식으로 소통한다.
- 나와 다르다고 해서 그가 틀린 것이 아니다.
- 내 행동에 그럴 만한 이유가 있듯이, 상대의 행동에도 그럴 만한 이유가 있다.
- 나에게 익숙한 방식이 나에게 편하듯 상대도 자신의 유형이 편하다는 것을 인정하자.
- 상대를 나와 동일하게 맞추려 하지 않고, 서로 조화를 이루는 것이 중요하다.

자신의 모습을 있는 그대로
인정하고 수용하라

• • •

무작정 장점을 강조하는 것보다 그 특성이 현재 상황에 필요한지 파악하는 것이 중요하다. 나에 대해 정확히 파악하고, 나의 특성이 상황과 대상에 따라 어떤 긍정적·부정적 효과가 나타나는지 인식하는 것이 중요하다.

사람은 누구나 장점과 단점을 가지고 있다. 자신을 발전시키기 위해서는 장단점을 활용해야 하는데, 그 방법에는 크게 2가지가 있다. 하나는 단점을 보완해가는 것이고, 다른 하나는 강점을 강화시키는 것이다. 자기 성장을 위해서는 2가지 방법이 모두 필요하고 중요하다. 단점에만 집중하면 긍정적인 측면을 간과해 긴장감을 고조시킬 수 있고, 반대로 강점에만 집중하면 성장을 위한 노력 없이 게을러질 수 있다. 2가지 측면을 균형 있게 개선·발전해나갈 때 자기 성장은 좀더 효과적일 수 있다.

자신의 부족한 부분 인정하기

단점을 보완하기 위해서는 그것이 혹시라도 드러날까봐 염려하고 감추기보다는 자신의 부족한 점을 솔직하게 인정하는 태도가 필요하다.

A씨는 적극적이고 자기주장이 분명한 사람이다. 문제가 발생하면 그의 빠른 판단력과 강한 주도성은 빛을 발한다. 그래서 동료들 대부분이 그의 업무능력을 인정한다. 그런 그에게 단점이 하나 있다면 다른 사람의 이야기를 잘 듣지 않는다는 점이다. A씨 자신도 남이 이야기할 때 집중을 잘하지 못한다는 것을 알고 있지만, 자신이 잘못되었다고 간주하는 것 같아서 인정하고 싶지 않다. 동료들이 간혹 충고를 하면 잘못을 들킨 것 같아서 오히려 역정을 내고, 나만큼 잘 듣는 사람이 어디 있냐면서 억지 생색을 내기도 한다. 가까운 동료의 충고조차 수용하지 않고 바로 반박하니, 사람들은 그에게 솔직하게 이야기하기를 꺼린다.

D씨는 조용하고 온화하며, 남의 이야기를 잘 들어주는 편이다. 사람들과 관계는 좋지만, 업무에서 자기 영역을 야무지게 챙기는 데는 서툴러서 동료의 자잘한 부탁을 잘 거절하지 못한다. 하지만 그는 부탁을 거절하지 못하는 것이 단점이라고 생각해본 적이 없다. 사람들에게 못하겠다고 거절하는 것은 야박한 일이

며, 부탁을 거절한 뒤 마음이 불편한 것보다는 차라리 자신이 좀 더 고생하는 게 낫다고 생각한다. 그러다 보니 원래 업무의 양보다 해야 할 일이 부쩍 많아지고, 근무중에 다른 사람이 급하게 해달라는 일을 해주느라 정작 본인의 업무를 위해 야근을 하는 경우도 늘어났다. 몸이 피곤해서인지 요즘 신경도 평소보다 좀더 예민해지는 것 같다.

만일 A씨가 동료의 충고에 대해서 "그래, 내가 남의 이야기를 듣는 데 좀 약한 거 같아."라고 솔직하게 인정했다면 어떻게 되었을까? 아마도 동료는 그에게 자신의 의견이 전해졌다고 느꼈을 것이고, 그 마음이 소통의 기반이 되어서 이후에 A씨가 제대로 경청하지 않는 것처럼 보일 때 마음이 멀어지기보다는 잘 들어달라고 바로 이야기할 수 있게 될 것이다. 또한 A씨의 관점에서는 자신의 부족한 점을 인정하는 것이 다른 사람의 충고나 지적에 대해서 상대방에게 반감을 드러내는 것보다 자신을 돌이켜보는 기회가 될 수 있을 것이다.

D씨의 경우도 마찬가지다. 분명하게 자기표현을 못하는 것이 자신의 부족한 점이라고 솔직하게 인정한다면, 거절하는 방법에 대해서 관심을 두고 어떻게든 기술을 익히려고 노력할 것이다. 비록 그 방법이 단번에 익숙해지고 효과적이지는 않아도, 반복적으로 연습하다 보면 부탁을 거절하지 못해서 업무의 양이 부적

절하게 늘어나고, 그로 인해서 자신의 몸과 마음을 혹사시키지
않아도 될 것이다.

자신의 강점 자각하기

당신은 자신의 소통 유형에 대해서 어떻게 평가하는가? 종종 자
기진단을 한 후에 자신에게 문제가 있는 것 같다며 회의감에 빠
지는 경우도 있고, 지금까지의 모습을 부정하며 이제는 달라져야
겠다고 크게 결심하는 사람도 있다. 이때 자신의 단점에 치우쳐
강점을 평가절하하지 않도록 주의해야 한다.

주장형_ "사람들이 쌈닭이래요."

"지금 생각해보니 사람들이 저한테 '쌈닭'이라고 한 이유를 알겠
어요. 저는 사회생활에서 대부분 리더 역할을 했던 것 같습니다.
사람들이 그렇게 하기를 원했죠. 책임을 맡으면 더욱 주도적으로
과제를 이끌었어요. 반대 의견도 있었고, 다른 팀과 경쟁을 해야
할 때도 있었습니다. 목표에만 집중해서 사람들과의 관계에서 잃
는 것을 생각하지 못했어요. 후배들이 저를 무서운 선배라고 하
는 이유를 알겠네요. 제가 참 문제가 많은 사람이군요."

정확형_ "지루하고 재미없어요."

"저는 주어진 업무를 항상 정확하게 처리해 빈틈없고 깔끔하다는 칭찬을 많이 들어요. 하지만 업무 외적인 일에도 정확성을 추구하다 보니 사람들에게 지루한 사람이라고 느껴지나봐요. 제가 보기에도 저는 참 재미없는 사람이에요. 학교 다닐 때도 공부를 잘했지만 노는 것은 잘 못했죠. 정확한 게 중요한 게 아니라 이런저런 이야깃거리를 만들어내고, 재미있게 표현할 줄도 알아야 하는데 제가 그런 거에는 참 재주가 없어요. 그래서 사람들이 저를 안 좋아하는 것 같아요."

조화형_ "바보같이 느껴질 때가 있어요."

"사람들이 저를 맹물로 아는 것 같습니다. 가능하면 다른 사람을 배려하고 이해하려고 했는데, 사람들은 제가 아무 생각도 없는 줄 아는 것 같아요. 괜히 불화를 만드느니 내가 좀 손해를 보는 게 낫다고 생각했는데, 바보 같은 생각이었던 것 같습니다. 이제 남의 이야기를 듣지 말아야겠어요."

친교형_ "참 실속 없는 사람이죠."

"저는 인생은 즐겁게 살아야 한다고 생각합니다. 그래서 가능하면 긍정적으로 생각하고 불쾌한 일이 있어도 좋게 생각하고 웃

어넘기려고 합니다. 잘잘못을 일일이 따져봐야 결국 누구 한 사람은 속상하게 되니, 대충 넘기는 게 낫다고 생각한 거죠. 그런데 겉만 허허실실 좋아보이지 결국 실속이 가장 없는 게 내 유형인 거 같네요."

변화의 의지를 가지는 것은 바람직한 일이다. 하지만 자신의 모습을 부정하고, 자신의 강점이 이룩해온 지난 성취와 긍정적인 측면까지도 평가절하하는 것은 변화의 의지를 북돋우고 유지해가는 데 도움이 되지 않는다. 자기주장이 분명했기 때문에 팀의 성과를 주도해낼 수 있었고, 매사에 정확하고 허튼소리는 하지 않았기 때문에 인기는 얻지 못했더라도 신뢰를 얻을 수 있었을 것이다. 자기를 드러내기보다는 주변을 배려했기 때문에 그의 주변은 원만하고 조화로운 분위기를 이끌어냈을 것이고, 즐겁고 긍정적인 소통 방식으로 여러 사람들에게 즐거움을 주었을 것이다.

자신이 지니고 있는 강점을 자각하고 지속적으로 강화시켜나가는 것은 마음을 나누는 소통에 크게 도움이 된다. 다만 중요한 점은 융통성 없게 그것만 고집하지 않는 것이다. 정해진 기준은 없다. 정해진 틀에 자신을 맞추는 것이 아니라 자신의 스타일을 찾는 것이 중요하다.

장점이 많다고 우쭐거릴 필요도, 단점이 많다고 위축될 필요도 없다.
무작정 장점을 강조하는 것보다
그 특성이 현재 상황에 필요한지를 파악해야 한다.

장단점은 동전의 양면과 같다

장점과 단점은 동전의 양면과 같다. 같은 특성이라도 어떤 상황에서는 장점으로 부각되고, 어떤 상황에서는 단점으로 치부된다. 내부와 외부의 경계를 지을 수 없는 뫼비우스의 띠처럼 장점인 줄 알았더니 단점이 되는 특성도 있다.

유형별 특성을 장점과 단점으로 구분한다는 것은 어려운 일이다. 따라서 장점이 많다고 우쭐거릴 필요도, 단점이 많다고 위축될 필요도 없다. 무작정 장점을 강조하는 것보다 그 특성이 현재 상황에 필요한지를 파악해야 한다. 나에 대해 정확히 파악하고, 나의 특성이 상황과 대상에 따라 어떤 긍정적·부정적 효과가 나타나는지를 인식하는 것이 중요하다.

자상하고 꼼꼼한 성격인 A씨는 함께 일하는 후배나 동료가 잘 모르는 부분이 있다고 하면 상세하게 차근차근 설명하고, 간혹 실수를 하면 무엇이 잘못되었는지 논리적으로 분석해주고 수정할 부분을 알려준다. 권위적이지 않은 A씨는 어려운 일이 있으면 찾아가 상담을 구하는 선배로 꼽힐 정도로 그를 따르는 후배들이 많은 편이다.

그런데 최근 새로 온 부장에게 그는 그의 장점을 인정받지 못하는 것 같다. 부장은 그의 꼼꼼함이 효율적이지 못하다면서 못마땅해 한다. 세세한 것을 언제 다 이야기하려고 하냐면서 말을 중간에 자르고 결론부터 말하라고 늘 윽박지르듯이 이야기해서 A씨는 부장 앞에만 서면 위축되어 제 역량을 발휘하지 못하고 있다.

B팀장은 화통한 성격이라 속에 말을 담아두지 못하는 편이다. 현장에서 오랫동안 일해서인지 말투가 거칠고, 화가 나면 팀원들에게도 심한 말을 서슴지 않는다. 하지만 그는 퇴근 후 기분 좋게 술 한잔 하면 서로 간의 서운했던 감정과 오해는 풀어진다고 믿는다.

그런데 이 팀에 새로 온 신입사원은 좀 다르다. B팀장의 감정적인 언사에 대해서 강하게 불쾌감을 드러내고, 술자리를 통해서 기분을 푸는 방식도 합리적이지 못하다면서 거의 참여하지 않는다. 지금까지 팀원들과 잘 소통하고 있다고 생각했던 B팀장의 소통 방식이 신입사원에게는 맞지 않는 것 같다.

C씨는 후배와 동료들의 개인 생활까지 살뜰하게 챙기는 다정한 사람이다. C씨와 일하는 사람들은 오랫동안 함께 일해온 사람들이라서 그가 본인들의 사생활에 대해 아는 척하고 화제로 삼는 것을 친근함의 표시라고 받아들여주었기 때문에, C씨는 자신의 소통 방식이 문제라고 생각한 적이 없었다. 그런데 C씨가 전배를 간 새로운 팀은 분위기가 좀 다르다. 업무와 관련된 주제

이외에는 서로 이야기하지 않는 것 같고, 사생활에 대해 질문하면 불쾌해하는 것 같았다. 심지어 한 동료가 쓸데없이 개인 생활에 간섭하지 않았으면 좋겠다고 말해왔다. C씨는 관심을 간섭이라고 받아들이는 반응 때문에 당황스럽다.

사람의 특성은 본질적으로 크게 변하지 않는다. 나는 달라진 것이 없는데 어떤 상황에서는 장점이 되어서 주변 사람의 인정과 호감을 얻고, 어떤 상황에서는 단점이 되어 관계에 부정적인 영향을 미치기도 한다. 자신의 익숙하고 자연스러운 소통 방식이 잘 어울려서 적합한 장면도 있고, 그렇지 않은 장면도 있다. 부정적 피드백을 얻었다고 해서 그 방식이 전부 잘못된 것은 아니니, 낙담하거나 자신을 비난할 필요는 없다. 자신을 부정하는 것보다는 동전의 양면과 같은 장점과 단점을 잘 자각하고, 그 상황에 적합하게 활용하고 조절하는 것이 중요하다.

단점이 드러나는 것에도 편안해져라

좋은 모습을 보이려고 애써도 흥분하거나 화날 때, 무언가에 몰입할 때는 누구나 있는 그대로의 모습이 나타나기 마련이다. 자연스러운 모습 속에는 당연히 긍정적인 부분도 있지만 보완해야 할 점도 있기 마련이다. 그럼에도 불구하고 자신의 부족한 점을 인정하지 않으려는 마음이 소통을 가로막는다. 인정하고 싶지 않은 것이 있으면 상대방의 이야기에 귀 기울이기 어렵기 때문이다.

A팀장은 과업지향적이고 주장적인 편으로, 업무를 열심히 하는 것은 당연한 일이라고 여기기 때문에 팀원들이 업무에 대해 어떻게 느끼는지에 대해 관심을 둔 적이 없었다. 팀원들이 힘들어해도 직장생활에서 당연히 감수해야 하는 부분이라고 생각해서 배려하려고 해본 적도 없었다. 그러면서 팀원들이 자신을 평가할 때 냉정하고 성과만 중시한다며 서운해하면, 그런 적 없고 자신만큼 직원들을 위하는 사람이 없다며 일축해버린다.

B과장은 자기 의견을 말하지 않는 직원들이 한심하고 답답해서 적극적이지 않은 그들의 태도를 질책했다. 그러자 한 직원이 혼잣말처럼 "언제 이야기할 틈을 준 적이 있나."라고 말하는 소리를 듣고, 자신을 좀더 객관적으로 바라보게 되었다. 그들 입장에서 보면 의견을 말할 틈도 주지 않고 몰아붙이고, 말해봐야 긍정적인 반응이 나오지 않을 것 같으니 조용하게 있는 편이 낫다고 생각할 것도 같았다. 그렇게 생각하니 입 다물고 있는 직원들이 더이상 한심하게 보이지 않았고, 윽박지르기보다는 인내심을 가지고 기다려주어야겠다는 생각이 들었다.

A팀장은 자신의 소통 방식의 부정적인 측면이 언급되자 "내가

언제 그랬어?"라며 바로 차단해버렸다. A팀장의 방어적인 태도에 주변 사람들은 그들의 솔직한 마음을 나타내기 어려웠을 것이다. 아마도 A팀장은 고집스럽고 자신의 생각 이외에는 잘 받아들이지 않는, 소통하지 않는 사람으로 여겨질 수도 있다. 이러한 관계가 반복되면 마음으로 소통하면서 관계를 맺는 게 차츰 어려워질 수 있다.

그에 비해서 B팀장은 자신이 의도하지는 않았으나 부정적인 결과를 일으킬 수도 있다는 점을 바로 부정하기보다는 있는 그대로 인정하고, 상대방의 입장에서 어떻게 느낄 수 있을지 생각하는 여유를 가졌다. 비록 그의 급하고 주장적인 소통 방식이 쉽게 달라지지는 않겠지만, 주변의 요구나 지적을 무시하지 않은 채 그의 방식을 잠시 멈추고 수정하고자 할 것이다.

이처럼 자신이 지니고 있는 방식의 부정적인 측면이 드러나는 것을 편안하게 받아들여야 소통이 자연스럽고 원활하게 이루어질 수 있다. 재채기와 사랑처럼 습관도 숨기기 어렵다. 단점을 먼저 드러내려고 애쓸 필요는 없지만, 동전의 양면처럼 자연스럽게 나타나는 습관의 한 단면을 애써 부정하거나 감추려고 할 필요가 없음을 깨달아야 한다.

여기에서 다루는 소통의 기술인 경청·공감·칭찬·조언은 의사소통을 다루는 다른 책에서 언급된 범위를 크게 벗어나지 않는다. 사실 모든 영역에서 우리의 역량이 향상되는 것은 전수받은 기술이 특별해서가 아니라, 그 기술을 꾸준히 시도하는 노력 덕분이다. 처음에는 어색하던 기술이 거듭 반복해가면서 익숙해지고 세련되어지면서 비로소 자연스러운 내 모습이 된다. 아인슈타인의 말처럼 어제와 같은 행동을 하면서 내일의 다른 결과를 기대하는 것은 어리석은 일이다.

2장

소통의 기술에는
무엇이 있는가?

경청보다
중요한 것은 없다

· · ·

상대의 마음을 듣기 위해서는 들리는 것만 듣는 것이 아니라 적극적으로 들으려는 자세가 필요하다. 상대방이 하는 말을 편안하게 들을 수 있어야 요점을 정확하게 짚어낼 수 있다.

서로 마음이 통하기 위해서는 우선 상대방의 이야기를 경청해야 한다. 이는 상대방의 마음을 이해하고, 내가 하는 행동이나 이야기에 대해서 상대방이 어떻게 느끼고 반응하는지도 알아야 한다는 의미다.

물론 마음이 통하기 위해서는 전하고자 하는 나의 마음과 생각을 적절하고 효과적으로 표현하는 것이 중요하다. 하지만 나의 생각이 얼마나 전달되었는지, 어떻게 전달되었는지, 그리고 내가 의도했던 바와 얼마나 부합하는지를 제대로 알아차리지 못하고,

자신의 의견이나 마음을 전하기만 한다면 양방통행이 아닌 일방통행적인 소통밖에 될 수 없다.

상대방의 반응을 잘 알아차리고, 그에 맞추어서 부족한 부분을 다시 전달하며, 의도와 다르게 전달된 부분을 수정하는 과정이 바로 '소통의 과정'이라고 할 수 있다. 그런 점에서 경청과 소통을 위한 첫 번째 준비단계는 나의 의견과 마음을 표현하는 방법이 아니라 상대방의 반응을 해석하고 읽으려는 적극적인 경청이다.

'들리는 것'과 '듣는 것'의 차이를 알자

'들리는 것'과 '듣는 것'은 비슷해보이지만 중심점을 어디에 두느냐에 따라 의미가 약간 다르다. '들린다'라고 할 때는 '소리(혹은 이야기)'가 주어이고, '듣는다'라고 할 때 주어는 '나(혹은 상대방)'다. 소통에 도움이 되는 경청은 들리는 소리에 귀를 기울이는 것이 아니라 내가 적극적으로 주의를 기울여 소리를 듣는 것이라고 할 수 있다. '소리'가 가진 의미를 이해하기 위해서는 들려오는 소리를 수동적으로 받아들이는 것이 아니라 적극적으로 듣는 것이 필요하다.

대부분의 대인관계에서 일어나는 문제는 상대의 말을 제대로 듣지 않는 데서 비롯된다고 해도 지나친 말이 아니다. 경청은 다음과 같은 몇 가지 방식으로 인간관계에 도움이 된다.

첫째, 경청을 통해 상대방에 대한 관심을 표현할 수 있다. 상대방에 대해 잘 알지 못하면서 호감을 얻으려는 생각에 섣불리 내뱉은 말들은 오히려 부정적 결과를 초래할 수 있다. 하지만 상대의 말을 잘 들으면 그 자체로도 호감을 얻을 수 있다. 돌이켜 생각해보면 오랫동안 대화를 하지 않아도 내가 하는 말을 관심 있게 들어주는 사람이 기억 속에 오래 남아 있다. 때로는 굳이 말하지 않고 잘 들어주는 것만으로도 교감을 많이 한 것처럼 느낄 수 있다.

둘째, 경청은 초기 관계에서 신뢰감을 쌓을 수 있다. 나를 있는 그대로 수용한다는 느낌을 주는 사람에게는 긴장을 늦추게 되고, 더욱 신뢰감이 생긴다. 신뢰감을 얻기 위해서 상황에 적절한 조언을 찾느라고 애쓰는 경우가 종종 있다. 하지만 금과옥조처럼 훌륭한 정보와 지식은 클릭 몇 번에 쉽게 구할 수 있는 세상이다. 전문성도 신뢰감을 얻을 수 있는 원천 중의 하나이지만, 섣부른 조언은 신뢰감보다 거부감을 줄 수 있다.

셋째, 적절하고 효과적인 반응을 할 수 있다. 대화시 주의 깊게 이야기를 듣지 않으면 상대방의 의도와 동떨어진 대답을 하게 된다. 하지만 적극적으로 경청하면 상대방이 하고자 하는 이야기가 무엇인지, 어떤 분야에 관심이 있는지 등 상대방을 더 깊이 알 수 있고, 이에 뒤따르는 반응 또한 적절하고 효과적일 수 있다.

넷째, 결과적으로 두 사람의 관계가 긍정적으로 발전한다. 상대방에 대한 관심을 표현하고 신뢰를 쌓으며 적절한 반응으로 대화를 이어나간다면 서로에 대한 인상은 긍정적일 수밖에 없다. 긍정적인 관계를 기반으로 두면 이후 의사소통이 좀더 원활해질 것이다.

경청을 방해하는 4가지 유형

경청이 인간관계에서 중요하다는 사실을 잘 알면서도 왜 사람들은 상대방의 이야기를 끝까지 경청하지 못할까? 경청을 잘 못하는 사람들을 몇 가지 대표적인 유형으로 나누어보았다.

첫 번째는 이야기를 대충 듣다가 상대의 의도를 넘겨짚는 사람의 경우다. 이들에게는 다른 사람의 말을 들을 때 인내심이 반드시 필요하다. 특히 성격이 급한 사람과 생각이 빠른 사람들은 많은 인내심이 필요하다. 이들은 상대방이 이야기를 채 마치기도 전에 "아, 그거!"라고 하며 안 들어도 다 안다는 식으로 말을 끊

다른 생각으로 머릿속이 복잡하고
여러 가지 일로 바쁠 때는 상대와 마주 앉아 있어도
대화에 집중하기가 어렵다.

는다. 연륜과 경험에서 우러나오는 직감이라고 주장하지만 사실
은 성미가 급해서 그런 경우가 많다.

　자기주장이 뚜렷하고 매우 논리적인 40대 A부장은 직원들과
소통하기가 쉽지 않다. 지금 하고 있는 업무를 오래 해왔고, 회사
가 어려웠던 시절을 다 극복해왔기 때문에 지금 후배들이 하는
고민이나 어려움은 본인이 한 차례 경험했던 것들이라고 생각한
다. 말하지 않아도 직원들이 하는 생각은 자신의 짐작과 크게 다
르지 않을 것이라고 믿는다. 그래서 직원들이 다가와 물어봐주기
만 한다면 A부장은 해답을 알려줄 준비가 되어 있는데, 안타깝게
도 직원들은 A부장과 이야기를 하지 않는다. 이야기를 나누어보
려고 본인이 먼저 다가가서 "요즘 힘든 점 없어?"라고 물어도 직
원들이 "네, 없습니다."라고 대답하면 거기에서 대화는 끊겨버
린다.

　A부장은 이미 자신이 한 번쯤은 겪어본 문제일 것이라고 전제
하고 있기 때문에 아마도 직원들이 이야기를 다 마치기도 전에
조언을 주려고 할 가능성이 높다. 주로 상대방이 자신보다 나이
와 경험이 적다고 생각할수록 이야기를 끝까지 듣지 않고 넘겨
짚기 쉬운 것 같다. 예를 들면 부모와 자녀의 관계처럼 자녀에게
들려주고 싶은 조언이 많고, 전달해주고 싶은 경험이 많으면 상
대방의 이야기를 끝까지 듣는 것이 어렵다.

다 알고 있다는 그들의 짐작은 틀릴 수도 있으며, 잘못 넘겨짚어 관계가 악화된다면 회복을 위한 노력이 처음 관계를 이루기 위한 노력보다 몇 배나 필요할 것이다. 짐작이 모두 맞아떨어져 말을 하지 않아도 상대의 요구나 문제가 무엇인지 안다는 것을 상대가 편하게 생각할지도 모른다. 하지만 말허리를 한 번 끊겼기 때문에 편하게 이야기를 풀어내거나 긴장을 풀고 마음을 열기까지는 경청을 잘한 사람보다 더 많은 시간이 걸릴 것이다.

두 번째 유형은 이야기를 건성으로 듣는 사람이다. 즉 마음은 닫아놓고 귀만 열어놓는 경우다. 그 이유는 여러 가지가 있을 수 있지만, 주로 물리적·심리적 여유가 없으면 상대방의 이야기에 귀를 기울이지 못하고 건성으로 듣게 된다. 다른 생각으로 머릿속이 복잡하고 여러 가지 일로 바쁠 때는 상대와 마주 앉아 있어도 대화에 집중하기가 어렵다.

이야기를 건성으로 듣는 또 다른 이유는 상대방에 대한 선입견이 있을 때다. 예를 들어 평소에 성실하지 않다고 여기던 후배가 과다한 업무량을 조정해달라고 요구한다면, 그의 이야기를 경청하기 어려울 것이다. 후배가 이야기를 시작하기도 전에 '분명히 일하기 싫어 핑계를 대는 거야.'라고 생각하고 귀를 닫아버린다. 그것이 핑계인지 정당한 요구인지 판단하려면 우선 선입견 없이 그의 요구를 경청해야 한다. 당신이 제대로 듣지 않는다고 느낀다면 상대방은 당신을 신뢰하기 힘들어지고, 나중에 당신이 내린 결정에 반감을 느끼거나 따르지 않을 수도 있다.

경청을 잘 하지 않는 세 번째 유형은 언제나 정답을 말해줘야 한다는 부담감을 지니고 있는 사람이다. 상대방이 갈등이나 문제에 대해 의논해올 때, 해결책을 내려줘야 한다는 부담감이 크면 이야기에 몰입하기 어렵다. 귀는 열려 있지만 머릿속은 뭐라고 답해주어야 하는지에 대한 걱정으로 가득 차 이야기에 몰입하기가 더욱 힘들기 때문이다.

또는 이야기의 방향을 미리 정해놓고 '이 뜻을 어떻게 전달해야 단박에 효과가 있을까?' 하는 기대를 품고 있는 경우에도 상대방의 이야기를 경청하기 어렵다. 경청하려면 자신이 정답을 주어야 한다는 부담과 마술 같은 기대를 버려야 한다. 금과옥조 같은 명언은 이미 위인들이 다 내놓았다. 인터넷으로 검색만 하면 각계각층의 의견도 수집할 수 있다. 하지만 위인들의 명언이나 인터넷 검색 등이 결코 해줄 수 없는 것은 상대가 하는 말에 관심을 두고 직접 귀 기울여 들어주는 일이다. 어떤 멋진 조언보다도 관심 있는 경청이 상대방에게 더 큰 도움이 되는 것은 물론, 그의 상황에 적합한 최선의 개선안도 생각할 수 있다.

마지막 네 번째 유형은 세부 사항에 지나치게 집착하는 사람이다. 주의 깊게 듣는 것과 세세한 사항을 모두 기억하는 것은 다르다. 대화의 내용을 하나라도 빼놓지 않고 기억하려고 중요하지 않은 세부 사항까지 집착하다 보면 이야기의 흐름을 놓칠 수 있다. 열심히 이야기를 들었지만 엉뚱하게 반응을 하거나 자칫하면 꼬투리를 잡는 것처럼 보일 수도 있다. 세세한 사항에 지나치게 집착하지 않고 상대방이 하는 말을 편안하게 들을 수 있어야 요점을 정확하게 짚어낼 수 있다.

 경청을 방해하는 말들

• 넘겨짚기
　"더이상 말하지 않아도 돼. 무슨 이야기를 하려는지 알겠군."
　"잠깐, 그러니까 ○○○ 이야기를 하려는 거지?"

• 건성으로 듣기
　"그래, 그래. 다 알아들었어."
　"뭐? 지금 뭐라고 그랬지?"

• 정답을 주어야 한다는 부담감 가지기
　"이 이야기를 왜 나한테 하는 건가?"
　"○○에 따르면, 그 문제는…"

• 세부 사항에 집착하기
　"잠깐, 그건 아까 한 말이랑 약간 안 맞는데…."
　"○○가 아니라 △△라고 해야 맞지."

경청에도
기술이 필요하다

• • •

대화는 사실과 감정을 파악하는 것이 모두 중요하다. 감정을 파악하려면 상대에게 주의를 집중해야 한다. 즉 대화에 담겨 있는 감정을 알기 위해서는 말하는 사람에게 주의를 집중해야 한다.

경청의 중요성을 알았다면 이제는 경청을 잘하는 방법에 대해 알아보자. 경청을 잘하려면 정보에 담긴 2가지 줄기, 즉 사실과 감정을 파악하는 것이 중요하다.

정보에 담겨 있는 감정을 파악하기 위해서는 언어적 표현뿐만 아니라 비언어적 표현에도 주의를 기울여야 한다. 또한 대화 도중에 경청하고 있다는 것을 적절하게 표현해 상대방이 깊이 있는 이야기를 더 잘할 수 있도록 유도해야 한다.

정보의 두 줄기, 사실과 감정

대화에는 사실fact과 말하는 사람의 감정feeling이 담겨 있다. '사실'은 문자를 있는 그대로 이해해서 의미를 파악할 수 있지만, '감정'은 이야기의 맥락과 말하는 사람의 성격·욕구·현재 상황 등 여러 가지를 파악해야 추론할 수 있다.

우리는 주로 대화를 통해 사실을 파악한다. 사실만 제대로 이해해도 의사소통하는 데 큰 무리가 없다. 그러나 복잡한 정보일 경우 대화만으로 사실을 이해하는 것조차 어려울 때가 있다. 때문에 상대의 마음을 움직이는 경청을 하려면 대화 안에 담긴 감정도 함께 파악할 수 있어야 한다.

대화는 지식을 전달하는 강의講義가 아니다. 강의는 문자 그대로 의미, 즉 뜻이 중요하다. 하지만 인간관계 속의 대화에서는 사실들이 이루고 있는 관계를 읽는 것이 더 중요하다. 흔히 말하는 "말귀를 못 알아듣는다."라는 말은 단어의 의미를 모른다는 것이 아니라 말하는 사람의 의도를 파악하지 못함을 일컫는다. 이야기에 담겨 있는 감정을 파악하면 말하는 사람의 의도를 추론할 수 있고, 적절한 대응도 할 수 있다.

다음에 나오는 표를 살펴보자. 사무실 내에서 오가는 몇 가지 대화와 그 안에 내포된 감정의 예시를 보여준다. 상황이나 말하

대화	숨은 감정
팀장님, 바쁘세요?	드릴 이야기가 있습니다. 시간 좀 내주세요.
팀장님, 출출하시죠?	이제 그만 퇴근하고 싶습니다.
저는 요즘 보약을 입에 달고 삽니다.	회사생활이 힘듭니다.
전에 관련된 일을 해본 적이 있습니다.	이 일을 하고 싶습니다. 자신 있습니다.
팀장님, 회식 한번 하시죠?	휴식이 필요해요.
꼭 오늘 안에 끝내야 하나요?	야근하고 싶지 않아요.
질문에 묵묵부답함.	동의하지 않음. 말하기를 망설임 등.

는 사람의 성격과 욕구에 따라 같은 말이라도 그 속에 담긴 감정은 다를 수 있다. 하지만 분명한 점은 그 종류나 강도에 차이는 있어도 감정이 담겨 있지 않은 대화는 없다는 것이다. 심지어 아무 감정이 없다는 것도 중요한 감정이라는 사실을 기억해야 한다.

언어적 표현과 비언어적 표현

대화에 담겨 있는 감정을 알아차리려면 말하는 사람에게 주의를 집중해야 하며, 말과 함께 표출하는 비언어적 표현도 잘 살펴보아야 한다. 대화할 때는 손짓·몸짓·표정 등이 자연스럽게 함께 어우러진다. 사람마다 정도의 차이는 있지만 비언어적 표현을 전혀 사용하지 않는 사람은 드물다. 차렷 자세와 무표정한 얼굴로 이야기를 하더라도 이 역시 비언어적 표현의 한 방식이다.

말은 거짓으로 쉽게 꾸밀 수 있다. 그러나 비언어적 표현을 거짓으로 꾸미는 것은 뛰어난 연기를 하는 것이 아니면 결코 쉽지 않다. 예를 들어 말로는 긴장하지 않는다고 할 수 있어도 손에 땀이 차고 목소리가 떨리는 것은 막을 수 없다. 언짢은 기분을 드러내지 않으려고 하지만 자신도 모르게 팔짱을 끼고 있다거나, 호감을 느끼는 사람 앞에 서면 미소가 새어나오는 등의 행동들은 감추려고 해도 어쩔 수 없이 드러나는 속마음을 반영한 비언어적인 표현들이다. 이런 비언어적인 표현에 주의를 기울이면 상대방의 심리를 좀더 솔직하게 파악할 수 있을 뿐만 아니라 자신의 감정을 효과적으로 나타내거나 전하려는 메시지를 더욱 쉽게 전달할 수 있다.

대화할 때 관심을 두어야 할 첫 번째 비언어적 표현은 '목소리'다. 목소리의 크기·어조·억양 등에 주의를 기울이면 상대방의 말 속에 담겨 있는 감정을 추론할 수 있다. 예를 들어 목소리를 높여서 강조하기도 하고, 낮춰서 긴밀함을 나타내기도 한다. 이처럼 목소리 크기를 조절해서 효과적으로 자신의 뜻을 전달할

대화에 담겨 있는 감정을 알아차리려면
말하는 사람에게 주의를 집중해야 하며,
말과 함께 표출하는 비언어적 표현도 잘 살펴보아야 한다.

수 있다. 또한 같은 내용을 말하더라도 어조와 억양에 따라 전달되는 의미를 전혀 다르게 전달할 수도 있다. 예컨대 "잘했군."이라는 말을 칭찬으로 들리게 할 수도 있고, 비난으로 들리게 할 수도 있다.

두 번째로 중요한 비언어적 표현은 '얼굴 표정'이다. 어떤 사람은 이야기하는 내용에 따라서 표정이 함께 변하고, 어떤 사람은 이야기의 내용이 어떠하더라도 일관되게 한 가지 표정을 유지하기도 한다. 함께 변하는 표정은 전달하려는 내용을 더 풍부하게 만들어준다. 또 말이 아닌 표정을 통해 그 사람의 마음이 나타나기도 한다. 여러 사람이 모여서 회의를 한다거나 모임을 할 때 가만히 표정을 살펴보면 하고 싶은 말이 있지만 분위기를 살피면서 말을 삼가는 사람도 있고, 말로는 찬성하지만 탐탁하지 않은 표정을 짓는 사람도 있을 것이다.

생각과 감정을 얼굴에 나타내지 않으려고 일부러 애쓰는 사람도 있다. 그런 사람들은 자신의 생각과 감정이 얼굴에 드러나는 것이 성숙하지 못하거나 전문가답지 못하다고 생각한다. 하지만 조절되지 않은 감정이 그대로 드러나는 것과 내용을 풍부하게 하고 전달을 촉진시키는 감정 표현은 다른 것이다. 적절한 얼굴 표정이나 시선의 변화는 설득력과 전달력을 높인다.

세 번째는 '자세'와 '몸짓'이다. 등을 의자에 푹 기댄 자세와 허리를 곧추세우고 양손을 모은 자세는 상대방에게 주는 느낌이 매우 다르다. 대화를 시작하면서부터 끝낼 때까지 변하는 몸짓과 자세는 상호 의사소통이 어떻게 이루어지고 있는지를 반영한다.

팀장이 권위적이라며 반감을 가진 한 사람이 있었다. 그가 팀장을 권위적이라고 생각하는 이유 중 하나는 의외로 단순했다. 그 팀장은 지시를 할 때마다 늘 책상 옆에 있는 파티션에 양팔을 얹고 자신의 정수리를 내려다보며 말했다. 그는 자신을 내려다보는 팀장의 자세가 위압적으로 느껴졌고, 대화를 시작하기도 전에 이미 반감을 가지게 되었다. 만일 의자를 끌어 나란히 앉아 이야기했다면 평소의 권위적인 모습이 다소 경감될 수 있지 않았을까.

 마음을 얻는 비언어적 표현

- 목소리의 크기와 어조는 상대방과 비슷하게 한다.
- 상대방과 간간이 눈을 맞춘다. 눈을 뚫어져라 쳐다보는 것보다 상대방의 눈에서 15도 정도 위 또는 아래를 보는 것이 자연스럽다.
- 상대방과 시선의 높이를 맞춘다. 상대를 내려다보거나 상대가 올려다봐야 한다면 강압적이고 권위적인 느낌을 받을 수 있다.
- 말하는 내용에 상응하는 표정을 짓는다. 이야기 주제와 관계없이 시종일관 미소를 띠는 것은 오히려 진심을 가리려는 것처럼 보인다.
- 손동작을 적절히 사용하면 인상이 한결 부드러워진다.

대화를 촉진시키는 5가지 방법

경청을 잘하려면 상대의 말을 잘 듣고 있다는 것을 적절하게 표현할 줄 알아야 한다. 시기적절한 호응은 대화를 부드럽게 하고, 한층 깊이 있는 이야기를 끌어낼 수 있어 서로 간의 신뢰와 친밀감을 돈독하게 하는 효과가 있다.

이러한 대화를 촉진하려면 비언어적 표현을 적극 활용해야 한다. 이야기를 들으면서 시선을 맞추고, 간혹 고개를 끄덕이며 '음~' '아~' 등과 같이 가볍게 소리를 내는 것이 좋다.

동네 아줌마들이 모여 수다 떠는 모습을 상상해보자. 박수치며 크게 웃기도 하고, '어머머머' 하는 감탄사를 연발하기도 하고, 함께 흥분하기도 한다. 이런 표현들은 판소리의 추임새처럼 이야기의 흥을 돋우고 이야기를 촉진시킨다.

대화를 촉진하는 반응들은 다음과 같이 5가지가 있다.

- 요약: "○○한다는 이야기군."과 같이 이야기가 길거나 다음 주제로 넘어갈 때 지금까지 한 이야기를 요약해 되짚어본다. 이는 상대방이 했던 이야기를 정확하게 이해했다고 표현하는 것이다.
- 반영: "그런 일이 있었구나." "○○했다는 거군."과 같은 말을 하며 상대방이 한 이야기를 다시 반복한다.
- 부연: "며칠까지 준비한다고 했지?" "○○라는 뜻인가?"와 같은 말을 하며 상대방이 했던 이야기에 부연해 설명하거나 질문한다.
- 자기 노출: "나도 비슷한 실수를 한 적이 있었어."와 같이 상대와 비슷한 경험을 했을 경우, 자신의 경험을 노출함으로써 상대방이 긴장을 늦추고 마음을 열도록 촉진할 수 있다. 다만 본인의 이야기로 화제를 계속 펼치지 않도록 주의한다.
- 질문(구체화): "그래서 어떻게 됐는데?" "○○이 무슨 말인가?"와 같이 이야기를 더욱 구체화하는 질문을 통해 관심을 표현하고, 깊이 있는 대화를 유도한다.

공감이 무엇보다
중요하다

- - -

상대방의 마음을 움직이고 싶다면 먼저 공감을 표현해야 한다. 공감은 진심으로 마음을 담으면 된다. 마음으로 통하는 소통을 원한다면 작은 표현부터 기꺼이 변화를 시도해보자.

신뢰 관계를 구축하기 위한 또 다른 요건은 상대방의 생각과 감정을 함께 느끼고 이해하는 것이다. 이것을 바로 '공감共感'이라고 한다. 예를 들어 영화를 보거나 소설을 읽으면서 주인공의 입장에 빠져 주인공과 함께 울고 웃을 때가 있다. 주인공의 성격이나 처해 있는 입장은 나와 다르지만 그의 행동을 충분히 이해할 수 있기 때문이다. 때로는 주인공의 어리석고 그릇된 행동조차 그런 상황에서는 그럴 수밖에 없다고 생각한다.

이처럼 상대의 감정을 자기도 그렇다고 느낄 때 우리는 공감한다고 말한다. 성공적인 경청은 이러한 공감을 기반으로 한다. 상대방의 마음을 따라가다 보면 그가 말하려는 의중을 잘 파악할 수 있다.

선공감 후조언

상대방의 상황에 대해 잘 이해하고 있다는 표현을 하면 관계가 긍정적으로 발전하리라는 사실은 누구나 알고 있다. 그런데 이해를 표현하는 방식을 몰라 오히려 문제가 되는 경우가 있다. 다음에 주어진 상황을 읽고 어떤 식으로 표현하면 좋은지 떠올려보고, 평소에 자신이 자연스럽게 말하는 답을 선택해보자.

상황 1_ 동료가 평소에 사이가 좋지 않던 입사 선배와 언성까지 높여가며 크게 다툰 후 당신을 찾아왔다.

a. 선배한테 대들어서 어쩌려고 그래, 좀 참았어야지.

b. 가서 얼른 사과하고 풀어. 당연히 후배가 먼저 잘못했다고 해야지.

c. 저런, 화가 많이 났었나보구나.

신뢰 관계를 구축하기 위한 또 다른 요건은
상대방의 생각과 감정을 함께 느끼고 이해하는 것이다.
이것을 바로 '공감'이라고 한다.

상황 2_ 동료가 불가피한 야근 때문에 가족과의 저녁식사를 취소해야 해 얼굴 표정이 좋지 않다.

a. 이런 일이 처음도 아니잖아.

b. 다음에 더 맛있는 거 사주면 될 거야.

c. 아이들이 실망할까봐 걱정되겠구나.

상황 3_ 오전에 업무와 관련된 일로 후배에게 듣기 싫은 소리를 좀 했더니 점심시간에 식사하러 가면서도 표정이 뚱해 있다.

a. 기분 나쁜 건 바로 풀어야지, 아직도 꽁해 있는 거야?

b. 직장생활은 원래 그런 거니 마음에 담아두지 말아.

c. 아침에 안 좋은 소리 들어서 기분이 별로겠네.

상황 4_ 원하던 출장을 동료가 가기로 결정되자 잔뜩 기분이 침체되어 있는 후배를 휴게실에서 우연히 마주쳤다.

a. 출장은 자네가 가고 싶다고 가는 게 아니잖아.

b. 기회는 또 있을 테니 다음에 가면 되잖아.

c. 원하던 출장을 못 가게 되어서 실망했겠네.

상황 5_ 새로운 업무가 분담되자 한 후배가 자신이 맡은 업무는 익숙한 분야가 아니라면서 불만을 표시했다.

a. 회사는 학교가 아니야. 항상 자신의 전공과 관련된 업무만 할 수는 없지.

b. 하기 싫다고 안 할 거야? 기왕 할 거면 기분 좋게 해야지.

c. 처음 하는 분야라서 신경이 더 쓰이나보군.

각 상황에서 a는 판단을, b는 조언을, c는 공감적 언급을 표현한 것이다. 위의 상황에서 판단·조언·공감 중 어떤 것을 더 자주 사용하며 익숙하게 말하는 편인가? 여러 채널을 통해서 공감을 표현하면 친밀감을 형성하는 데 도움이 된다는 것을 사람들 대부분이 머릿속으로는 잘 알고 있지만, 정작 실제 상황을 맞닥뜨리면 공감보다 판단이나 조언이 앞선다.

예를 들어 동료가 "보고서를 올렸다가 부장님한테 된통 깨졌어."라고 말하면 당신은 어떻게 반응하는가? 대부분 "괜찮아."라고 격려하거나 "그 부장님이 원래 괴팍하잖아. 직장생활이 다 그런 거니까 잊어버려."라고 말한다. 이러한 표현은 동료의 감정을 함께 느끼는 것이 아니라 그 상황에 대한 자신의 평가 혹은 판단의 근거에서 나온다.

동료는 애써 작성한 보고서가 무시당해서 자존심이 상했을 수도 있고, 이런 소리를 들으면서 회사를 다녀야 하는지 생각하며 씁쓸해 하거나 부장이 했던 말을 되돌려 해주고 싶을 만큼 화가 났을 수도 있다. 감정에 사로잡혀 있으면 아무리 현명한 조언이라도 머릿속으로 잘 입력되지 않는다. 그러나 내 감정이 이해받고 지지받았다는 느낌이 들면 감정은 가라앉고 편안해진다. 그리고 나서 비로소 문제 해결을 위한 합리적인 사고가 이루어지기 시작할 수 있고, 그때 입력되는 조언과 충고가 잘 받아들여질 수 있다. 다시 말해 효과적인 조언을 위해서는 먼저 상대방이 느끼는 감정을 이해하려고 노력해서 공감을 표현하는 것이 좋다.

진정으로 공감하는 법을 익혀라

사람은 누구나 행복해지기를 바라고, 자신에게 더 나은 선택을 하고자 한다. 일반적으로 공감보다 판단과 조언이 앞서는 것은 우리가 이런 점을 종종 망각하기 때문이다.

상사에게 맞서봐야 이로울 것이 없고, 직장생활에서 원하는 업무만 할 수는 없으며, 때로는 싫은 소리도 참고 들으면서 일해야 하고, 야근하느라 가족과 충분히 시간을 보내지 못할 수 있다는 것 등은 누구나 알고 있다. 그리고 이런 경우 어떻게 행동해야 하는지도 알고 있다.

그러나 이렇게 갈등을 겪고 있는 상황에서 상대방에게 가장 먼저 듣고 싶은 말은 자신의 행동에 대한 객관적인 판단이나 조언이 아니라 '이해'다. 왜냐하면 사람들은 언제나 행복을 추구하며, 자신이 했던 행동도 그에 따랐다고 생각하기 때문이다. 간혹 시간이 흐른 후에 자신이 한 행동을 후회할 수 있지만, 당시에는 자신에게 이롭다고 생각해 선택한 행동인 것이다. 누구도 그 결과에 대해 미리 알 수 없지 않는가.

심리적으로 건강한 사람이라면 불행이 뻔히 보이는데도 그 길로 뛰어들지 않았을 것이다. 당신이 보기에는 비록 그의 행동이 효과적이고 현명하게 보이지 않더라도, 당사자의 입장에서는 그 상황에서 그 선택이 최선이었을 것이라고 인정하는 마음이 있어야 진정으로 공감할 수 있다.

물론 판단과 조언이 가치가 없는 것은 아니다. 공감적 이해가 끝난 후에는 처한 상황에 대해 객관적으로 평가하거나 선배 혹은 비슷한 경험을 한 동지로서의 조언 등이 필요할 수도 있다. 다음 단락에 공감을 표현하고 조언을 했을 때와 공감 없이 조언만 했을 때 상대방이 느끼는 감정이 어떻게 달라지는지에 대한 4가지 사례를 제시해놓았다. 사례들을 통해 차이가 무엇인지 살펴보자.

"저는 A선배와는 꼭 필요한 이야기 외에는 다른 이야기를 하고 싶지 않습니다. 제 이야기를 다 듣지도 않고 설교를 하거든요.

효과적인 조언을 위해서는 먼저
상대방이 느끼는 감정을 이해하려고 노력해서
공감을 표현하는 것이 좋다.

저도 이제 나이를 먹을 만큼 먹었는데 제가 한 마디 하면 벌써 열 마디를 합니다. 이야기를 나누어보니, 아는 것도 많고 경험도 많은데 상당 부분이 A선배가 겪은 고민들이라고 하더군요. 괜히 바보가 되는 기분이 들어 이제 A선배에게는 제 이야기를 하고 싶지 않습니다."

"저는 B선배와 이야기하고 나면 마음도 가벼워지고 머리까지 맑아지는 기분입니다. 멋진 해결책을 제시해주지는 않지만 제가 무얼 고민하고 있는지 이해하려고 노력하는 것 같아요. 사실 저는 따로 하고 싶은 일이 있어 지금 하는 업무의 경험을 쌓는 것이라고 생각하거든요. 그 이야기를 하면 혹시 지금 맡은 일을 소홀히 할까 염려하고 언짢아하실 줄 알았는데, 오히려 격려해주셨어요. 저보다 경험이 풍부하니까 하고 싶은 이야기도 많을 텐데, 먼저 제 생각을 이해하려는 모습에서 제가 존중받고 있다는 느낌이 들었어요."

"C씨는 매사 적극적이에요. 그와 이야기하면 어떻게든 해결책이나 개선책을 알려줍니다. 부장이 괴팍하다고 해도, 아이가 성적이 떨어졌다고 해도, 아내의 잔소리가 늘었다고 해도 다방면에 걸친 그의 경험에 따라 조언을 해줍니다. 이야기해준 성의를 생각해서 고맙다고는 하지만 마음은 좀 찜찜하고, 내가 전혀 생각 못했던 것들도 아닌지라 괜히 말했다 싶은 후회가 항상 듭니다."

"D씨는 정이 많아서 내가 이야기를 하면 마치 자신의 일처럼 안타까워하고 분개하면서 함께 억울해해주죠. 깐깐한 부장 밑에서 힘든 것도, 아이가 성적이 안 좋아 속상한 것도 잘 알아줍니다. 내가 힘든 걸 알아주는 것 같아서 그와 이야기하다 보면 마음이 가벼워지고 든든해지는 느낌이 들어요."

당신은 A선배와 C씨, 그리고 B선배와 D씨 중에서 어느 쪽에 더 가까운가? 아무리 좋은 조언이라고 해도 상대방이 마음을 열지 않으면 설교가 되어버린다. 효과적인 설득은 상대방의 머리가 아니라 마음을 움직여야 한다. 상대방에 대한 이해, 즉 진정한 공감 없이 판단과 조언을 앞세우면 상대방은 마음보다 머리가 먼저 작용하고, 이성적 판단이라는 방어벽을 세우게 된다.

그렇다면 진정한 공감을 위해서는 어떤 마음가짐을 가져야 할까? 다음과 같이 몇 가지 질문을 자기 자신에게 해보면서 공감을 위한 마음가짐을 갖추어보자.

- 누구나 행복을 추구한다는 것을 믿는가?
- 행복의 의미·기준·방법은 사람마다 다를 수 있다고 생각하는가?
- 저마다 하는 행동에는 그럴 만한 이유가 있다고 생각하는가?
- 지지해주는 것만으로도 상대방에게 힘이 될 수 있다고 생각하는가?

공감을 방해하는 5가지 편견

사람들이 공감을 표현하기 어려워하는 이유를 살펴보면 다음과 같은 고정관념이 내재된 경우가 많다. 각 경우를 구체적으로 살펴보자.

편견 1_ 낯간지럽다

'그런 말은 여자들이나 하는 말이지, 어떻게 남자가 그런 낯간지러운 말을 할 수 있어.'라고 생각하는 경우다. 공감을 나타내려는 것이 당신이 아닌 다른 사람이 되라는 것을 의미하는 게 아니다. 공감의 표현을 반드시 부드러운 말로 해야 할 필요는 없다. 아주 짧은 감탄사로도 공감을 표현할 수 있다. 감탄사는 짧으면서도 자연스럽게 감정을 담아 표현할 수 있는 좋은 도구임을 기억하자.

편견 2_ 직장에서는 그럴 시간이 없다

직장인들이 가장 많이 하는 주장이다. 직장에서는 꼭 필요한 이야기만 하기에도 바쁘다는 것이다. 그래서 실제로 공감을 표현할 때와 그렇지 않을 때의 대화 시간을 측정해본 적이 있다. 그 결과 공감을 표현하는 말은 1분도 걸리지 않았고, 그에 뒤따르는

변하지 않으려면 지금처럼 지내면 된다.
그러나 마음으로 통하는 소통을 원한다면
작은 표현부터 기꺼이 변화를 시도해보자.

대화를 포함해도 5분이 채 걸리지 않았다. 즉 대화에 필요한 것은 시간적인 여유가 아니라 심리적인 여유다.

편견 3_ 상대방이 틀릴 수도 있으므로 어느 한편을 들어줄 수 없다

공감은 상대를 화나게 한 사람을 함께 비난하거나 그를 동정하는 것과는 다르다. 공감이 상대방과 한편이 되는 것이라고 생각한다면 상황의 옳고 그름부터 따지게 되어서 공감을 표현하기가 더욱 어려워진다. 공감은 본인의 가치 판단을 떠나 상대방에 대한 이해와 수용을 표현하는 것이다.

편견 4_ 공감은 상대방을 유약하게 만든다

험한 세상에서 성공하려면 강인해야 한다고 생각하는 사람들은 공감을 표현하는 것이 상대방을 나약하게 만든다고 생각한다. 하지만 주변 사람들에게 정서적인 지지를 받을 때 어려움을 헤쳐나갈 힘을 얻을 수 있다.

편견 5_ 나와는 어울리지 않는다

위의 모든 고정관념을 다 알고는 있지만 공감을 표현하기를 기피하는 사람들은 결국 자신과 어울리지 않다며 자기 행동을 합리화한다. 지금까지 무뚝뚝하고 냉정하다는 평을 들으면서 살

았는데, 갑자기 "○○하다니 힘들겠구나."라고 말하면 사람들이 자신을 이상하게 여길 거라고 염려한다.

공감을 표현하기 위해 마치 연기하듯 다른 사람의 말투를 흉내낼 필요는 없다. 앞서 강조한 대로 평소 자신의 말투에 짧은 감탄사나 고개를 끄덕이는 것만으로도 공감이 표현된다. 공감은 자신의 말에 진심으로 마음을 담으면 되는 것이다.

아직도 공감을 표현하는 것이 꺼려진다면 자신이 사람들의 시선에 과민 반응을 보이거나 변화를 무작정 회피하고 있는 건 아닌지 살펴보아야 한다. 변하지 않으려면 지금처럼 지내면 된다. 그러나 마음으로 통하는 소통을 원한다면 작은 표현부터 기꺼이 변화를 시도해보자.

공감의 기술에는
어떤 것이 있는가?

. . .
공감을 표현하는 방법은 간단하다. 상대방의 감정이나 생각을 상대의 입장에서 표현해본다. 상대방이 그때 느꼈을 만한 감정이나 생각을 나도 똑같이 표현해서 느껴본다.

이제 공감을 표현하는 방법에 대해 구체적으로 살펴보자. 우선 앞에서 열거한 공감에 대해 아직도 편견을 가지고 있다면, 그것들을 먼저 버려야 한다. 다음으로는 상대방과 눈높이를 맞추어야 한다. 그의 현재 상황과 평소 그의 성격 등 상대방에 대해 알고 있는 것들을 모두 떠올리며 그의 입장이 되어보는 것이다.

공감을 표현하는 방법은 간단하다. 상대방의 상황과 행동, 경험 등을 구체적으로 지적하고, 상대방이 그때 느꼈을 감정이나 생각을 똑같이 표현하면 된다.

상황 표현은 구체적으로 하라

상황 표현은 구체적으로 해야 좋다. 그렇지 않으면 분명하지 않은 의사소통으로 오히려 의도하지 않은 결과를 만들어 오해를 살 수도 있다.

예를 들어 자세한 언급 없이 상대에게 단지 "힘들겠군."이라는 말을 하면, 다른 사람들은 그의 생활이 전반적으로 힘들 것이라고 생각할 수도 있다. 회사생활이 힘들어 보이는 건지, 개인적으로 어려움이 있음을 아는 건지 그 뜻이 분명하지 않으므로 좋은 공감 표현법이 아니다. 이에 비해 "김 대리, 어제도 야근하고 오늘도 야근이라니 힘들겠군."이라고 하면, 김 대리는 상사가 자신의 업무량이 과도하다는 점을 이해하고 있다고 충분히 느낄 수 있다.

또한 상황 표현을 구체적으로 하면 공감한 감정 표현이 조금 어긋난다 할지라도 대화의 의도는 분명히 전달된다. 즉 위의 예에서 김 대리가 실제로 힘이 든다고 느끼지 않더라도 자신이 계속해서 야근을 하고 있다는 사실을 알아주는 상사의 관심은 충분히 느낄 수 있는 것이다.

상황에 맞는 공감적 표현과 비공감적 표현

상황에 맞는 공감적 표현이 있는가 하면 비공감적 표현이 있다. 다음 각 사례를 통해 공감적 표현과 비공감적 표현에 대해 구체적으로 살펴보자.

사례 1

"실수투성이인 저 친구와는 더이상 같이 일을 못하겠어요."

• 공감: 후배가 실수가 잦으니 ○○씨가 고생이 많군요.

• 비공감: 그래서 나더러 어쩌라는 건가? 그것도 자네 복이니 군소리 하지 말게.

사례 2

"부장님, 다른 팀원에 비해 제게 주어진 업무량이 너무 많습니다."

• 공감: 불공평한 것 같아 화가 난 모양이군. 자네 고생하고 있다는 건 내가 잘 알고 있네.

• 비공감: 자네만 힘든 줄 아나? 그래서 억울하기라도 하다는 건가?

사례 3

"팀장님, 저는 성과가 좋은데 평가 결과는 왜 이렇습니까?"

- 공감: 기대에 미치지 못해 실망했겠군. 성과에 비해 평가가 나빠 실망이 크겠군.
- 비공감: 열심히 한 게 그 모양이었나? 그까짓 평가로 뭘 그래?

상대에게 위와 같은 말을 들었을 때 어떤 대답을 더 자주 하는지 생각해보자. 대부분의 사람들은 비공감적 표현에 더 익숙하고, 반응을 보이는 데 걸리는 시간도 공감적 표현보다 더 짧다. 공감적 표현을 하려면 적절한 반응을 생각하고, 상대방이 어떻게 느낄지에 대해 미리 생각해야 하기 때문에 마음을 얻기까지는 그만큼의 시간과 노력이 필요하다.

 공감을 표현하는 말

○○(①) 해서, △△(②) 하겠군(요)

① 상황이나 행동, 경험을 구체적으로 언급한다.
② 상대가 느끼는 감정이나 생각을 그의 입장에서 표현한다. 이때 표현을 축소하거나 확대하지 않도록 유의한다.

"까다로운 고객이었는데, 몇 번이나 화내고 싶었겠어."
　　　　①　　　　　　　　　　②
"당장 내일 출장이라니, 짐을 급하게 싸려면 힘들겠군."
　　　　①　　　　　　　　　　②

솔직함과 진정성이
상대의 마음을 열게 한다

• • •

상대방의 마음을 열기 위해서는 솔직함이 반드시 필요하다. 진심이 담기지 않은 말은 누구의 마음도 열 수 없으며, 공식처럼 훈련된 말은 하지 않은 것만 못하다.

마음을 여는 대화는 몇 가지 기법과 요령만 익힌다고 해서 이루어지지 않는다. 아무리 좋은 기법이라도 상대가 마음을 닫고 있다면 메시지가 전해지기가 어렵다.

대화는 양방향으로 메시지를 주고받는 과정이므로, 상대의 마음을 열고 싶다면 스스로 마음을 열고 솔직한 태도를 지니는 것이 필요하다. 우리는 종종 '솔직하게 말해서'라고 말하지만, 그것이 관계에 도움이 되려면 무엇이 중요한지 한 번 돌이켜보자.

솔직함에 대한 4가지 오해

여기서 말하는 솔직함이란, 자신과 상대방을 속이지 않고 상대방을 진심으로 대하는 것이다. 솔직함에 대해 사람들이 흔히 가지고 있는 몇 가지 오해를 살펴보자.

첫째, 정제되지 않은 표현일수록 솔직할 것이라는 오해다. 솔직함이 반드시 거친 표현에서 나타나는 것은 아니다. 충동적인 것과 솔직한 것은 구분해 말할 줄 알아야 한다.

둘째, 부정적으로 말한다고 해서 항상 솔직한 것은 아니다. 상대방을 비난하면서 그 이유를 솔직하기 때문이라고 내세우는 경우가 있다. 잔뜩 험한 소리를 퍼붓고서는 "악의는 없어. 내 진심 알지?"라고 하며 돌아서는 것처럼 무례한 태도는 없다. 이는 솔직함을 가장한 비난이다.

셋째, 상대방을 만나자마자 자신을 다 드러내는 것은 오히려 부담스러운 행동이 될 수 있다. 성급하게 자신을 솔직하게 다 드러낸다고 해서 바로 상대방과 친해질 수 있는 건 아니다. 마음의 개방 정도는 관계의 친밀도, 함께 보낸 시간에 따라 달라진다.

넷째, 솔직하게 이야기한다고 해서 상대방이 무조건 수용하지는 않는다. 그것을 어떻게 표현하는지가 더욱 중요하다. 표현방식에 따라 솔직함은 자신의 의견이나 감정을 강요하는 것처럼

솔직함이 반드시 거친 표현에서
나타나는 것은 아니다. 충동적인 것과
솔직한 것은 구분해 말할 줄 알아야 한다.

보일 수 있다. 솔직함에는 진정성과 듣는 사람에 대한 공감이 수반되어야 한다.

솔직함을 표현하는 현명한 방법

앞서 살펴본 바와 같이 정제하지 않은 부정적 감정을 그대로 드러낸다면 인간관계를 망칠 수 있으므로 표현에 특히 주의해야 한다. 여기서 꼭 기억해야 할 것은 표현의 방법만을 다스려야지, 감정을 속여서는 안 된다는 것이다. 아래 나오는 각기 다른 상황들을 보면서 어떻게 표현해야 할지 생각해보자.

"거의 매일 지각을 하는 팀원이 있습니다. 물론 그 사람도 늦을 만한 사정이 있겠죠. 하지만 자기 편한 시간에 나오는 건 직장이 아니라 놀이터죠. 그런데 이런 사람한테도 '오죽하면 늦겠냐?'라며 공감하라는 이야기인가요?"

이 팀장은 지각하는 팀원에게 매우 화가 나 있는 상태다. 그렇다면 자신의 상태를 상대에게 솔직하게 표현해야 한다. 다만 인격에 상처를 주는 인신공격이나 비난을 하지 않도록 유의한다. 앞서 서로 공감해야 좋은 관계가 이루어질 수 있다고 한 것은 잘못된 행동을 보고도 지적하지 말라는 뜻이 아니다. 팀을 이끌려면 부정적 행동에 대한 피드백·지적·훈계는 피할 수 없으므로 팀원에게 솔직하게 이야기해야 한다. 이때 그릇된 행동에 대해서는 명확하게 지적하는 것이 좋다.

"직원들 대부분이 A씨를 싫어해요. A씨는 자기에게 주어진 일만 하고 동료를 도와주려고 하지 않아요. 내 일이 끝났으면 됐지, 왜 다른 사람 업무까지 도와야 하냐고 묻는데 할 말이 없더군요. '제가 좀 깍쟁이 같나요?'라는 질문에 솔직히 '그래, 이 깍쟁아!'라고 말하고 싶었지만 참았습니다. 저마저 외면해서 A를 완전히 왕따로 만들 수는 없으니까요."

깍쟁이가 아니라고 말하는 그의 말을 A씨는 곧이곧대로 믿었을까? 이미 말을 하면서 얼굴이 잔뜩 찌푸려져 있었을 텐데 말이다. 차라리 이 질문에는 "그렇다."라고 솔직히 대답하는 편이 낫다. 그리고 "이렇게 계속 행동하면 ○○씨가 팀에서 외톨이가 될까봐 걱정이다."라고 말하며 동료로서 솔직한 염려를 덧붙인다면 A씨도 자신의 행동에 대해 다시 한 번 생각해볼 수 있을 것이다. 마지막으로 한 가지 상황을 더 살펴보자.

"우리 팀에서 가장 유능한 팀원이 회사를 관두겠다는군요. 업무량이 너무 많아 매일 집에 늦게 들어가고, 친구를 만날 시간도, 취미를 즐길 시간도 없다는 겁니다. 팀장으로서 말려야 하는데, 문제는 그 이유를 저도 100% 공감한다는 데 있습니다. 그렇다고 해서 '잘 생각했다. 관둬라.'라고 할 수는 없잖아요?"

　팀원의 고된 마음을 공감한다면 그 마음을 솔직하게 표현하는 것이 알맞은 행동이다. 오히려 그 마음을 감추고 팀장의 입장으로만 이야기한다면, 그 팀원은 자신의 마음을 이해하지 못하는 팀장과 일하느니 퇴직을 결심한 게 잘했다고 생각할지도 모른다. 공감을 한 뒤 "그래도 나는 자네처럼 유능한 팀원을 놓치고 싶지 않네."라고 덧붙인다면 팀장으로서의 입장까지 전달하는 셈이다.

　상대방의 입장을 이해하려 했지만 이해할 수 없을 때, 경청하려고 했지만 당면한 문제를 생각하느라 잘 듣지 못했을 때는 자신의 상황을 솔직하게 이야기하는 편이 더 낫다. "당신을 이해하려고 노력했지만 쉽지 않다." 또는 "다른 중요한 생각을 하느라 당신의 이야기를 제대로 듣지 못했다."라고 말하는 것이 신뢰를 깨뜨리지 않을 수 있다. 제대로 듣지도 못했으면서 이해하는 척하려다가 의도하지 않은 오해를 만들 수 있다.

　까다롭고 티 안 나는 업무를 팀원에게 맡길 때 미안함을 표현하는 것이 솔직함이지, 중요한 업무라고 과장하거나 당신이 유일한 적임자라고 둘러대는 태도는 진정성이 없다. 상대방은 그 말이 거짓이라고 생각하거나 무시당한다고 느낄 수 있다. 또 평가 점수를 낮게 주고 나서 업무 능력의 부족한 부분을 지적해주는 것이 솔직함이고, 능력은 훌륭한데 이번에 다른 사정이 있어서

경청하려고 했지만 당면한 문제를 생각하느라
잘 듣지 못했을 때는 자신의 상황을
솔직하게 이야기하는 편이 더 낫다.

어쩔 수 없었다고 말하는 것은 진정한 배려가 아니라 기만에 더 가깝다. 당신은 얼마나 진정성 있고 솔직하게 주변 사람들을 대하고 있는가? 특히 관리자나 팀장은 솔직함이 관리자로서 권위를 해친다고 생각해서 진정성을 놓칠 수 있다. 당신이 관리자라면 아래 표에서 자신이 해당되는 문항을 체크해보자.

···› '나는 얼마나 솔직한가?'에 대한 체크리스트

질문	YES	NO
나는 항상 팀원보다 더 많이 알고 있다.	☐	☐
팀원이 상담해오는 고민은 이미 다 겪어본 일이다.	☐	☐
업무 평가를 면담할 때는 적당히 둘러대는 편이 낫다.	☐	☐
서로 좋은 게 좋은 것이라고 좋지 않은 이야기를 굳이 내가 할 필요는 없다.	☐	☐
팀원들에게 내 생각을 다 알려주면 팀장으로서 권위가 서지 않는다.	☐	☐
팀원 앞에서 실수를 인정하면 권위를 잃는다.	☐	☐

만일 당신이 이 중에서 3개 이상의 문항을 체크했다면 팀원에게 자신의 있는 그대로의 모습을 보여주는 것을 꺼려하거나, 지나치게 권위적이지 않은지 검토해볼 필요가 있다. 진심이 보이지 않으면 당신을 신뢰하기 어렵고, 마음을 열기도 어렵다.

피드백은 더 나은 결과를
얻기 위한 소통이다

. . .

피드백은 간섭이나 잔소리와는 다른 반응이다. 간섭은 상대가 원하지도 않는데 끼어들어 아는 척을 하는 것이고, 잔소리는 듣기 싫게 늘어놓는 잔말이나 꾸중하는 말을 일컫는다.

처음 행동한 결과에 대한 피드백을 통해 목표하는 결과를 이루도록 개선할 수 있다. 후배나 팀원을 이끌어가기 위해서 피드백을 적절하게 사용하는 것은 매우 중요하다. 깨끗하게 닦인 거울이 옷매무새를 단정하게 하도록 도와주는 것처럼, 선배 혹은 관리자로서 후배·직원을 이끌기 위해서는 그들의 행동이 현재 어떠한지에 대해서 자각할 수 있도록 거울을 비추어주고, 옷매무새를 더 멋지게 만질 수 있도록 도와주어야 한다.

관리자가 직원에게 보이는 모든 반응은 어떻게 보면 직원의 행동변화를 이끄는 피드백이 될 수 있다. 달리 말해 직원의 행동 변화를 이끌어낼 수 있다면 진지하게 마주 앉아 주고받는 대화 뿐 아니라, 그날의 옷차림새에 대한 반응부터 인사고과에 대한 평가 면담까지 모두 피드백이 될 수 있다는 것이다. 이처럼 관리 자의 모든 행동이나 반응은 일종의 피드백으로 직원들에게 영향 을 미칠 수 있으므로, 관리자로서 자신이 보이는 행동에 직원들 이 반응하는지 관심을 가지고 기억하는 것이 좋다.

여기서 더 구체적으로 살펴볼 피드백은 업무에 대한 피드백이 다. 직원들은 자신의 업무 결과가 어떻게 평가되는지, 팀 전체의 업무에 어떤 영향을 미치는지 알고 싶어한다. 특히 자신이 처리 한 업무에 대해 상사가 어떤 반응을 할지 궁금해한다. 그런데 상 사의 피드백이 없다면 어떨까? 이처럼 기운 빠지는 일도 없을 것 이다. 상사가 지시를 내리고 일이 어떻게 진행되어 가는지 물어 보지도 않는다면 팀원은 자신이 하는 업무가 하찮다고 생각하게 되며, 업무에 대한 동기는 감소하게 될 것이다.

물론 단순히 보여주기 위한 피드백은 좋지 않다. 따라서 상사 는 피드백을 하기 전에 다음의 4가지 사항들을 반드시 고려해야 한다.

피드백할 때 반드시 고려해야 할 4가지

첫째, 피드백 내용이 자신의 개인적 선호에서 비롯되지 않았는지 검토해야 한다. 사람마다 선호도가 다르므로 상사의 개인적 선호에 반드시 맞추어가면서 업무를 할 필요는 없다. 만약 자신의 선호도에 맞추어 업무할 것을 강요한다면 다양한 개인의 선호를 존중하지 않는 사람이라고 받아들여지고, 오히려 상사의 권위를 해쳐서 전반적으로 부정적인 영향을 미칠 수도 있다.

둘째, 피드백이 개선을 위한 비판이 아니라 비난을 위한 비판은 아닌지 살펴보아야 한다. 피드백은 근본적으로 행동의 개선이 목표이므로, 피드백이 주제와 내용에서 벗어나지 않도록 주의해야 한다.

셋째, 업무행동보다 직원의 성격과 같은 내면적인 부분을 피드백의 초점으로 맞추지는 않았는지 검토해보아야 한다. 피드백에서 초점을 맞출 대상은 외형적으로 드러나는 행동이나 방식이지, 팀원 안에 내재된 가치관이나 성격 등이 아니다. 이런 내면적인 부분은 몇 번의 피드백만으로 변화하기 어려울 뿐만 아니라 피드백에 개인적 감정이 담겨 있다고 받아들여질 수도 있어 관계를 해치기 쉽다.

넷째, 팀장은 팀원의 행동에서 긍정적인 면과 부정적인 면을

피드백은 목표하는 주제에 한정되어야 대안을
모색하는 데 도움이 된다. 이때 일방적인 피드백보다
상호 대화 속에서 개선책을 찾는 것이 중요하다.

모두 고려해 피드백해야 한다. 모든 행동에는 2가지 면이 공존하기 마련이다. 따라서 피드백을 할 때는 긍정과 부정적 측면을 모두 언급해야 상대가 더욱 잘 받아들일 수 있다.

효과적인 피드백의 요건

피드백은 간섭이나 잔소리와는 다른 반응이다. 간섭은 상대가 원하지도 않는데 끼어들어 아는 척을 하는 것이고, 잔소리는 듣기 싫게 늘어놓는 잔말이나 꾸중하는 말을 일컫는다.

소심해 보이거나 잔소리하는 것 같아 결과에 대한 피드백을 대충 넘기는 사람들은 피드백을 간섭이나 잔소리와 혼동하는 사람들이다. 간섭은 업무 집중을 방해하지만, 피드백은 업무효율을 높이는 요소다. 잔소리가 주로 대안 없는 꾸짖음이라면, 피드백은 더 나은 결과를 얻기 위한 대안을 논의하는 것이라고 할 수 있다. 따라서 적절한 피드백은 성과를 증대시킬 뿐만 아니라 업무 만족도도 높일 수 있다.

효과적인 피드백이 되려면 그 내용이 구체적이어야 한다. 그렇지 않은 피드백은 잔소리밖에 되지 않는다는 것을 기억하자. 또한 피드백을 하는 시기가 적절해야 하는데, 그 시기를 놓치지 않으려면 평소 업무에 대해 관심을 가지고 있어야 가능하다.

　피드백은 목표하는 주제에 한정되어야 대안을 모색하는 데 도움이 된다. 이때 일방적인 피드백보다 상호 대화 속에서 개선책을 찾는 것이 중요하다. 상대방에게 이야기할 기회를 많이 주고, 적극적으로 경청하도록 해서 논의를 통해 여러 가지 대안 중에 적절한 대안을 결정하도록 하는 것이 좋다.

 효과적인 피드백을 하는 5단계

- • 1단계_ 구체적인 행동을 확인한다.
- • 2단계_ 적절한 장소와 시기를 선택한다.
- • 3단계_ 포괄적인 비판으로 흐르지 않도록 주제에 초점을 맞춘다.
- • 4단계_ 일방적 설교가 되지 않도록 경청한다.
- • 5단계_ 적절한 대안을 선택하기 위해 함께 논의한다.

질문으로 소통의
해결책을 찾을 수 있다

• • •

상대방과 견해가 서로 다르다고 항상 대립되는 것은 아니다. 질문을 통해 더 좋은 해결책을 찾을 수 있다. 질문은 간단명료한 것이 가장 좋다. 의미를 2가지 이상 담은 질문은 상대방을 혼란스럽게 할 뿐이다.

학창 시절을 되돌아보면 수업 시간 중에 가장 두려운 순간은 선생님이 질문할 때였던 것 같다. 그런데 대답해야 하는 학생만 질문을 두려워할까? 그렇지 않다. 질문을 하는 사람도 마찬가지로 두렵다. 초보 선생님의 경우 질문이 유치하다며 학생들이 자신을 우습게 보면 어쩌나 걱정하는 마음에, 또는 질문 후에 돌아오는 엉뚱하거나 기발한 답변을 감당하지 못해 오히려 질문하기를 꺼려한다. 이와는 반대로 타성에 젖어 있는 선생님은 학생들이 신선한 답변을 하지 않을 것이라고 짐작하고는 질문과 답변에 쏟는 시간을 아까워하며 아예 질문을 하지 않는다.

하지만 질문은 소통에 있어 여러 장점을 가지고 있기 때문에 이렇게 질문하기를 피하는 것은 좋지 않다. 질문의 장점과 기능을 자세히 살펴보면서 질문이 어떻게 상대의 마음을 움직이게 만드는지, 당신은 상대의 행동을 이끌기 위해 얼마나 질문을 잘 활용하는지 생각해보자.

질문의 5가지 장점

질문은 지시와 같은 일방적인 서술문에서 얻을 수 없는 다음과 같은 몇 가지 장점이 있다.

첫 번째, 질문은 주제에 대한 상대방의 문제의식을 자극한다. 질문을 받은 상대방은 그에 맞는 답변을 하기 위해 적극적으로 생각을 정리한다. 예를 들어 상사에게 "보고서를 이렇게 수정해 오게."라고 지시를 받으면 그 사람은 더이상 생각할 필요가 없지만, "어떻게 수정하면 개선될까?" "무엇이 부족하다고 생각하는가?"라는 질문을 받으면 스스로 문제점을 찾기 시작한다.

두 번째, 질문을 통해 상대방의 견해를 확인해서 상대방에게 맞는 구체적인 조언을 제공해줄 수 있다. 일반적이고 포괄적인 지시가 아니라 맞춤형 지시를 할 수 있다는 말이다.

세 번째, 질문을 통해 상대방의 의견을 먼저 요청해서 그에 대한 존중과 관심을 표현할 수 있다. 이때 직장 내 위계적인 관계에서 부하 직원에게 의견을 말할 기회를 주는 것은 직원 입장에서는 일방적인 지시가 아니라, 자신의 의견을 말할 기회를 얻으면서 동시에 존중받는다는 느낌도 받게 된다.

네 번째, 문제에 대한 책임을 강조하게 되어 업무에 더욱 주도적으로 참여할 수 있도록 한다.

다섯 번째, 문제가 있을 경우 해결책을 스스로 발견하도록 해서 상대의 잠재력 개발에 도움을 준다. 즉 답을 주는 대신 답을 찾는 방법을 알려주는 것이다.

이처럼 질문은 많은 장점을 가지고 있다. 하지만 그렇다고 해서 하루 종일 상대에게 세세하게 질문을 할 수는 없다. 또 한 번에 너무 많은 질문을 하면 대답하는 사람이 위축되고 혼란을 느낀다. 그리고 대답을 다 하기도 전에 다음 질문을 하면 추궁하는 것처럼 느껴 해결책을 생각하는 일을 아예 포기해버리기 쉽다. 그렇다면 어떻게 해야 할까?

한마디로 간단명료한 질문이 가장 좋다. 복잡하거나 돌려서 말하는 질문은 상대방의 생각을 자극하지 못하고, 의미를 2가지 이상 담은 질문은 상대방을 혼란스럽게 할 뿐이다.

상대가 질문을 듣고 나서 당황한 기색을 보인다면 '왜'보다는 '어떻게'라고 물어서 긴장을 늦추도록 한다. 질문이 위협적이지 않아야 다양한 대안들이 논의될 수 있다. 여러 가지 대안을 찾을 수 있도록 개방형 질문부터 하는 것도 좋은 방법이다. 포괄적으로 시작해 점차 구체적으로 질문해가면서 해결책을 좁히거나, 연역적 또는 귀납적 방법을 이용해 질문을 일관성 있게 하는 것이 좋다.

질문의 2가지 기능

질문은 크게 2가지 기능을 가지고 있다. 첫 번째는 서로가 질문을 하면서 문제에 대한 해결책을 탐색할 수 있는 기능이고, 두 번째는 질문에 답하는 사람이 자신에 대한 인식을 촉진할 수 있는 기능이다.

질문을 받으면 그에 맞는 답변을 하기 위해 자기 자신을 다시 한 번 돌아보게 된다. 이러한 과정을 통해 주제에 대한 관심과 자발적인 동기가 생긴다.

문제 해결을 위한 질문

일반적으로 문제에 대한 해결책을 찾기 위해서 질문을 한다. 따라서 질문은 해결책에 접근해갈 수 있도록 체계적이어야 한다. 문제 해결을 위한 질문은 다음과 같이 4단계를 거친다.

- 1단계_ 문제 파악

  현재 문제는 무엇이며, 당장 해결해야 할 점은 무엇인가?
- 2단계_ 문제 분석

  이런 문제가 왜 발생했다고 생각하는가?
- 3단계_ 대안 산출

  어떤 방법으로 해결해야 할까?
- 4단계_ 행동 계획

  그럼 이제 무엇을 해야 하는가?

동기부여를 위한 질문

동기부여가 목적인 질문에는 정답이 정해져 있지 않다. 이런 질문은 답변하는 사람의 욕구를 깨닫게 하고, 동기를 북돋우기 위한 것이기 때문이다. 질문을 한 후에는 상대에게 충분히 생각할 시간을 준다. 섣불리 먼저 의견을 제시해 상대의 생각을 가로막지 않도록 한다. 동기부여를 위한 질문들을 살펴보자.

- 어떻게 해야 일을 잘할 수 있을까?
- 이번에 일이 성공한(실패한) 이유는 무엇일까?
- 이 일을 통해 얻고자 한 바가 무엇인가?
- 이 일을 통해 무엇을 배웠나?

질문시 반드시 유의해야 할 사항

질문의 형태를 띠고 있지만 대답이 필요 없는 말들이 있다. 질문을 가장한 비난이 여기에 해당된다. "이렇게밖에 못하나?" "이게 잘했다고 생각하나?"라고 하는 것은 질문이 아니라 질책이다. 이러한 질책과 비난은 드러내놓고 하는 것보다 말 속에 숨겨서 할 때 상대방은 더 큰 상처를 받는다. 숨겨진 공격은 정당한 반박의 기회조차 주지 않기 때문이다. 비판할 점이 있다면 비꼬지 말고, 정직하게 지적해서 수정을 요구하는 것이 좋다.

또한 질문한 후에는 답변을 기다리는 인내심이 필요하다. 기다리지 못하고 재촉하면 듣고자 하는 답변조차 얻지 못한다. 직장 생활을 예로 들어보자. 질문하고 기다릴 줄 아는 상사의 스타일에 길들여지면, 직원들은 질문받기 전에 스스로 질문과 대답을 주고받으면서 생각을 다듬는 습관이 생길 것이다. 이런 습관이 자리 잡으면 답변에 걸리는 시간도 줄어든다. 그때까지는 인내심을 지니고 기다려야 한다.

질문을 던져놓고 부하 직원이 답변을 하거나 말거나 자신이 하고자 하는 이야기를 장황하게 늘어놓는 것도 피해야 한다. 이는 하고 싶은 이야기의 주제를 '질문'이라는 방식을 빌려 운을 떼우는 경우다. 직장에서 하고 싶은 이야기를 마음껏 할 수 있는 것은 상사의 특권일지도 모른다. 하지만 이것을 남용하면 직원들은 답변이 필요한 질문을 받아도 더이상 생각하지 않게 되니 이점을 반드시 유념해야 한다.

질문시 유념해야 할 또 다른 사항은 문제 해결을 위해 던진 질문에 대한 답변이 자신의 견해와 다르더라도 논쟁으로 이어지지 않도록 주의해야 한다는 점이다. 질문을 하는 이유는 한 팀으로서 더 좋은 해결책을 찾기 위해서지, 한 사람의 뜻을 관철시키거나 권력을 시험하기 위한 것이 아니다. 다시 한 번 근거를 검토하고, 더 나은 해결책을 위해 생각을 전환할 수 있는 유연한 태도를 가져야 한다.

질문을 하는 이유는 한 팀으로서 더 좋은 해결책을
찾기 위해서지, 한 사람의 뜻을 관철시키거나
권력을 시험하기 위한 것이 아니다.

부정적 감정은
'나 전달법'으로 전달하라

· · ·

'나 전달법'은 상대방의 행동이 나에게 미친 영향·생각·감정을 함께 전달하는 대화법이다. '너 전달법'보다 장점을 많이 가지고 있는 '나 전달법'을 연습해 보자.

상대방이 듣기 좋은 이야기만 할 수는 없다. 때로는 부정적인 의견을 전달해야 할 때도 있다. 부정적 의견을 전달할 때 유용하게 사용할 수 있는 방법이 '나 전달법I-message'이다.

  '나 전달법'은 문제가 되는 상대방의 행동이 나에게 미친 결과를 표현하는 대화법이다. 문제 행동만을 지적하는 것이 아니라 상대방의 행동이 나에게 미친 영향·생각·감정을 함께 전달한다. 이는 특히 부정적인 메시지를 전달할 때 상대방 인격 전체에 대한 공격을 피할 수 있다.

···> **너 전달법 vs. 나 전달법**

	너 전달법	나 전달법
표현	"뭐 하다가 이제 들어왔어? 전화 좀 하지."	"연락도 없이 늦으니 걱정되고 불안했어."
특징	비난과 명령을 통해 상대방을 내 뜻대로 바꾸려고 함.	상대방의 행동이 내게 미친 감정과 영향을 전달함.
반응	공격받는 느낌을 받고, 자존심에 상처를 입음. 분노 또는 반발심이 야기됨.	내 감정을 이해받고, 상대의 자숙하는 태도를 유발함.

우리는 흔히 '너 때문에 ~하다.'라고 한다. 예를 들어 "너 때문에 일이 안 되잖아." "너 때문에 복장 터져서 같이 일 못하겠다." 등의 표현 방식은 '너 전달법You-message'이다. 여기에는 당신 때문에 내가 화나고 답답하다는 의미를 포함한다. 이는 상대방 전체에 대한 비난으로, 이를 들은 상대의 반응도 곱지 않을 것이다. 사람은 일단 공격을 받으면 방어하고, 자존심에 상처를 입으면 더 크게 반발한다. 따라서 당연히 행동변화를 이끌어내기도 어렵다.

반면에 '나 전달법'은 주제에서 벗어난 비난과 공격을 배제하기 때문에 상대방에게 위협적으로 들리지 않으며, 문제 해결책에 대한 대화로 쉽게 연결할 수 있다. 또한 상대방의 행동변화를 유도할 수 있어 대화를 통해 서로의 관계가 더욱 긍정적으로 발전하는 것이 장점이다.

'나 전달법'을 적극 사용해 의사소통하자

'너 전달법'보다 장점이 많은 '나 전달법'을 연습해보자. 처음에는 어색할 수 있으나, 반복적으로 연습해 자신만의 말투로 익혀놓으면 좋다.

우선 문제가 된 상대방의 행동을 구체적으로 지적해야 한다. 예를 들어 "너 때문에 속상해."와 같은 언급은 피한다. 그가 가진 모든 특성, 즉 모든 행동 때문에 속상할 리는 없을 테니까 말이다. 문제 행동의 기술은 구체적일수록 해결책에 대한 논의로 이어지기 쉽다는 사실을 기억하자.

그다음에는 상대방의 행동이 나에게 미치는 영향을 '나는 ~하다.'라고 기술한다. '나는'이라는 말을 넣기가 어색하면 문제 행동을 언급한 후에 쉼표를 넣어도 좋다. 상대방의 행동이 나에게 미치는 영향에는 2가지가 있는데, 바로 감정과 생각이다. 다시 말해 그의 행동에 대해서는 나의 인지적 해석이 있고, 그와 관련된 감정도 있다.

엄밀하게 말해서 우리가 상대방의 행동에 대한 나만의 인지적 해석을 하면 그 해석에 걸맞은 어떠한 감정이 생기기 마련이다. 예를 들어 약속 시간에 상대방이 늦었을 때 약속을 잊었다고 해석하면 무시당하는 것 같아 화가 나지만, 사고가 생겼을 것이라

112

고 해석하면 상대를 걱정하게 된다. 설명을 이해하지 못하는 후배 사원을 보고 일에 대한 성의가 부족하다고 해석하면 화가 나겠지만, 선배 앞이라 긴장했기 때문이라고 해석하면 분노보다는 안쓰러움이 앞설 것이다.

상대방의 행동이 나에게 영향을 미친 감정과 생각 중에 어느 하나만 언급해도 좋다. 만일 2가지 모두를 이야기할 수 있다면 의사소통은 더욱 명료해질 것이다.

'나 전달법'의 표현 방식

'나 전달법'은 다음과 같은 방식으로 표현할 수 있으며, 다음 상황별 사례를 통해 표현 방식을 연습해보자.

네가 (행동) 하니까 내가 ~한 기분이 든다.
네가 (행동) 하니까 내가 ~한 생각이 든다.

상황 1_ 도대체 지금 몇 시야?
- 네가 늦으니까 나는 무시당하는 것 같아 화가 났어.
- 네가 늦으니까 나는 약속을 잊어버렸다고 짐작했어.

- 네가 늦으니까 <u>나는</u> 약속을 잊어버렸다고 짐작해서 무시당하는 것 같아 화가 났어.

상황 2_ 너 때문에 복장 터져 같이 일을 못하겠다.
- 여러 번 설명을 해도 이해를 못하니 <u>나는</u> 자네가 노력하는 것 같지 않아서 화가 나는군.
- 여러 번 설명을 해도 이해를 못하니 <u>나는</u> 자네가 딴생각을 하고 있는 것 같아 답답하군.

'나 전달법'으로 마음을 전달하는 연습을 하라

다음은 상대방의 행동 중에서 나에게 영향을 미친 감정과 생각을 '너 전달법'으로 표현한 예다. 이를 '나 전달법'으로 바꾸는 연습을 해보자.

- 꼼꼼하지 못해 실수가 잦은 팀원에게 화가 난다.
  "○○씨는 같은 실수를 벌써 몇 번째 하나?"
  ⋯▸<u>"같은 실수를 반복하니까 업무에 대한 성의가 부족한 것 같아 좀 실망스럽군."</u>

- 책상이 항상 지저분한 팀원이 게을러 보여 못마땅하다.

"책상 꼴이 이게 뭔가?"

···▶ _____

- 회식에 자주 빠지는 팀원이 다른 사람들과 겉도는 것 같아 염려된다.

"어제는 왜 또 안 왔어? 자꾸 회식에 빠질 거야?"

···▶ _____

- 업무를 계획대로 진행하지 않는 팀원이 일을 제때 마치지 못할까봐 불안하다.

"뭐 하나 제대로 하는 일이 없군."

···▶ _____

처음에는 이렇게 연습하는 것이 다소 어색할 수 있지만, 계속해서 연습하다 보면 이내 익숙해지고, 평소에도 자연스러운 말투가 될 것이다. 익숙해질 때까지 이 표현 방식에 맞추어서 반복해 보자.

우리가 상대방의 행동에 대한
나만의 인지적 해석을 하면 그 해석에 걸맞은
어떠한 감정이 생기기 마련이다.

칭찬은 소통의 결과를
바꿀 수 있다

· · ·

칭찬은 긍정적 강화의 한 방법으로, 목표 행동을 지속적으로 유지시키기 위한 행위다. 장점이 없는 사람은 없다는 사실을 염두에 두고, 상대의 강점을 발견하려고 노력해보자.

칭찬은 바람직한 행동의 빈도를 높이기 위한 강화 수단 중 하나다. 강화에는 긍정적 강화와 부정적 강화가 있다. 긍정적 강화는 원하는 행동에 보상해서 그 행동을 계속하게 하고, 부정적 강화는 원치 않는 행동을 처벌해서 그 행동을 더이상 하지 않도록 한다. 칭찬은 긍정적 강화의 방법 중 하나다. 우리는 원하는 행동을 지속적으로 유지하기 위해 칭찬을 이용한다. 금전적 보상도 긍정적 강화에 해당하지만, 칭찬이 금전적 보상보다 더 좋은 점은 내재적 동기를 불러일으킬 수 있다는 데 있다.

사람은 누구나 장점이 있다

이 세상에 장점이 없는 사람은 아무도 없다. "고슴도치도 제 새끼는 함함하다."라는 속담처럼 상대방에게 호감이 있으면 장점은 얼마든지 찾아낼 수 있다.

이 말에 대해 상대방이 마음에 들지 않는데 어떻게 장점을 찾느냐고 반문할 수도 있다. 그러나 도무지 좋게 보려고 해도 좋은 점을 찾을 수 없다는 말은 자신의 시각이 편협하다고 드러내는 것일 뿐이다. 앞서 말했듯이 그 누구라도 한 가지씩 장점이 있기 마련이다. 단지 상대가 자기 마음에 쏙 드는 완벽한 사람이기를 기대하기 때문에 상대의 장점들이 눈에 띄지 않는 것뿐이다.

호감을 가진 상대의 장점과 눈에 띄는 장점은 누구나 찾을 수 있다. 눈에 잘 띄지 않는 소소한 장점을 찾는 것이 어려운 것이다. 상대의 마음을 움직이고 싶다면 그의 장점을 발견하기 위해 좀더 적극적으로 노력해야 한다. 호감이 있는 상태에서는 쉽게 장점을 발견할 수 있을 것이다. 호감이 없더라도 장점을 발견하려고 노력하다 보면 자연스럽게 호감이 생길 수도 있으니 장점이 없다고 속단하지 말고, 장점을 발견하도록 끊임없이 노력해보자. 장점은 저절로 나타나는 것이 아니라 찾아내는 것이다.

자기충족적 예언으로 장점을 찾기 어렵다

상대방의 장점을 찾기 어려운 이유는 자신의 기대에 맞는 자극만 보는 경향이 있기 때문이다. 이를 '자기충족적 예언'이라고 한다. "예쁜 사람은 예쁜 짓만 한다."라는 말이 있는 반면, "밉다, 밉다 했더니 하는 짓마다 밉다."라는 말과 "며느리는 발뒤꿈치도 밉다."라는 옛말도 있다.

그런데 미운 사람이 미운 짓을 하는 것이 아니라, 그 사람을 미워해서 미운 짓하는 것만 보는 것이다. 일반적으로 사람들은 세상의 많은 정보 중에 자신의 기대에 맞는 사건만 선택해서 지각하기 때문이다.

예를 들어 팀장은 그가 성실한 팀원이라고 생각하면 자리에 앉아 일하는 모습을 주로 기억하고, 요령 피우는 팀원이라고 생각하면 점심시간에 조금 늦게 들어왔던 것만 기억한다. 게다가 지각된 사실에 맞추어 그 팀원을 대하는 행동도 달라진다. 성실한 팀원이 업무를 그르치면 어쩌다 실수했다고 생각하며 긴장하지 말라고 격려해준다. 하지만 게으른 팀원이 업무를 그르치면 그럴 줄 알았다면서 호되게 꾸짖는다.

마음을 움직이려면 장점을 발견하라

이러한 자기충족적 예언은 장점을 발견하려고 노력하고, 긍정적으로 기대하면 상대방을 바람직한 모습으로 유도할 수 있다고 시사한다. 당신이 상대의 장점을 찾아서 얻을 수 있는 첫 번째 장점이 바로 이것이다.

또 다른 장점은 칭찬이 상대의 마음을 움직인다는 점이다. 따라서 누군가의 마음을 움직이고 싶다면 그 사람의 장점을 발견하기 위해 적극적으로 노력해야 한다. 회사에서 팀원들은 팀장이 자신의 장점을 발견해준다는 것을 곧 자신을 인정해준다는 것과 동일하게 여긴다. 눈에 띄지 않는 것을 발견해줄 때는 더욱 그러하다. 이처럼 상사의 인정은 팀원들의 업무 동기를 불러일으키는 훌륭한 보상이 될 수 있음을 기억하자.

또 각 팀원의 장점을 발견하려고 노력하고 활용해서 팀 전체의 경쟁력을 키울 수 있다. 역량을 키우는 데는 약점을 보완하는 방법과 장점을 키우는 방법이 있다. 전자는 상대의 부족한 점을, 후자는 상대의 뛰어난 점을 계속 언급한다. 당신은 이 중에서 어떤 것을 선택하겠는가? 당신이 만일 팀원이라면 어떤 방법에 더 고무되겠는가?

각 팀원의 장점을 발견하려고 노력하고 활용해서
팀 전체의 경쟁력을 키울 수 있다. 역량을 키우는 데는
약점을 보완하는 방법과 장점을 키우는 방법이 있다.

상대방의 장점을 찾는 연습

눈에 띄는 성과는 누구라도 칭찬할 수 있다. 마음을 움직이는 사람이라면 개개인의 장점을 발견할 혜안이 있어야 한다. 그러기 위해서는 상대에 대한 지속적인 관심이 필요하다. 또한 긍정적인 생각을 하고 평가 기준을 조금 낮춘다면 모든 사람들의 장점을 발견할 수 있는 시각이 만들어진다. 다음의 상황을 참고해 장점을 발견하는 연습을 해보자.

두드러진 장점이 없는 경우

⋯▸ A는 눈에 띄는 실수는 없었지만 칭찬할 만한 성과도 없다. 그리고 늘 조용해서 무엇을 잘 하는지 알 수가 없다.

자기표현이 적은 사람은 상사가 자신을 알아주지 않아도 맡은 바를 충실히 수행한다. 팀이 평온하게 유지되는 것은 이러한 유형의 사람들의 노고가 크기 때문이다. 팀장이 별 관심을 두지 않더라도 자기 할 일은 다한다는 것은 그의 큰 장점이다.

장점을 파악할 시간이 충분하지 않은 경우

⋯▸ 신입사원인 B의 장점이 무엇인지 알 수가 없다.

팀원명	장점 1	장점 2	장점 3
A	납기를 잘 지킨다.	업무에만 집중한다.	항상 진지하다.
B	업무적응이 빠르다.	인간관계가 좋다.	출근시간을 잘 지킨다.

새로운 상황에서 적응하려면 인간관계·업무 등 모든 변화는 숙제거리들이다. 이러한 숙제들을 어떻게 처리하는지 지켜본다면 상대의 장점을 발견할 수 있을 것이다.

칭찬을 효과적으로 하는 3가지 방법

직장생활에서 칭찬이 업무 성과를 높일 수 있다는 것은 이미 잘 알고 있다. 그렇다면 효과적인 칭찬은 어떻게 해야 할까? 앞에서 말한 것처럼 칭찬은 목표 행동을 지속적으로 유지시키려는 보상이다. 따라서 칭찬은 목표로 하는 행동이 구체적이고, 듣는 사람이 보상이라고 느낄 수 있어야 한다.

칭찬은 구체적인 행동에 대한 것이어야 한다

칭찬은 구체적이어야 한다. 좋은 말을 나열하면 기분 나쁠 리 없겠지만, 그 속에 목표로 하는 행동에 대한 평가가 없다면 칭찬을 듣는 사람은 어떤 행동을 지속해야 하는지 알기 어렵다.

게다가 추상적이고 모호한 칭찬은 자칫 형식적인 인사치레나 사탕발림처럼 들릴 수 있다. "잘했다." "멋지다." "훌륭하다."는 모두 좋은 말이지만 어떤 행동을 지속시킬 수 있는 칭찬은 아니다. 지속하고자 하는 행동이 분명하지 않기 때문이다.

또한 전반적인 특성보다는 행동, 즉 수행 결과에 대해 칭찬해야 한다. 예를 들어 "착하다." "똑똑하다." "능력 있다." "예쁘다." 등은 모두 듣기 좋은 말이지만, 이것 역시 상대의 행동에 영향을 미치기는 어렵다.

예를 들어 "오늘 보니 능력 있더군."보다 "오늘 프레젠테이션을 시간에 딱 맞추어 끝내는 걸 보니 능력이 있더군."이라고 하는 것이 더 적절하다. 이런 칭찬을 들은 사람은 '정해진 시간 안에 마무리하는 행동'을 추후에도 지속하고자 노력할 것이다. 이렇듯 구체적으로 칭찬하려면 상대방에 대해 더 많이 관심을 두고 주의를 기울여야 한다.

행동을 한 이후에 바로 칭찬하는 것이 좋다.
상황이 여의치 않다면 맥락상 관련되어 있거나 그 행동을
다시 떠올릴 만한 단서가 있을 때 칭찬하도록 한다.

칭찬에도 타이밍이 중요하다

칭찬이 보상이 되려면 제때 칭찬을 하는 것이 중요하다. 행동과 보상의 간격은 짧을수록 효과적이다. 그 간격이 너무 길면 어떤 행동에 대한 보상인지 제대로 분간이 안 되고, 스스로 그 행동이 무엇이었는지 잊을 수도 있다.

가능하면 행동을 한 이후에 바로 칭찬하는 것이 좋다. 상황이 여의치 않다면 맥락상 관련되어 있거나 그 행동을 다시 떠올릴 만한 단서가 있을 때 칭찬하도록 한다. 이때 칭찬은 역시 짧고 분명하게 하는 것이 좋다.

사람마다 원하는 칭찬은 따로 있다

사람마다 동기가 부여되는 칭찬 유형이 다르다. 상대에 대해 더 많이, 자세히 알수록 그가 원하는 칭찬을 잘 찾을 수 있다.

예를 들어 앞서 논의했던 특성에 따라 살펴보면 업무를 중시하는 사람은 업무에 대한 칭찬에, 관계를 중시하는 사람은 개인 특성에 대한 칭찬에 좀더 고무된다. 표현도가 높은 사람에게는 많은 사람 앞에서 인정해주면 더욱 효과적으로 동기부여가 되고, 표현도가 낮은 사람은 그를 믿고 신뢰하고 있다는 것을 표현할 때 동기가 부여될 수 있다.

유형별 칭찬할 때의 유의점

• 주장형_ 칭찬이 평가가 되지 않도록 조심한다.

• 친교형_ 구체적인 내용으로 칭찬한다.

• 정확형_ 기준을 낮추고 사소한 칭찬부터 시작한다.

• 조화형_ 칭찬이 너무 잦아 의례적 인사처럼 되지 않도록 한다.

조언은
조언다워야 한다

· · ·

효과적인 조언은 말하는 사람의 의도가 분명해야 하고, 듣는 사람이 받아들일
수 있어야 한다. 조언이 상대를 위한 것인지, 자신의 감정적인 반응은 아닌지
돌이켜보고 구체적인 대안을 함께 전달하는 것이 좋다.

조언은 상대에게 도움을 주고자 하는 말이다. 업무중에 난관에
부딪혔을 때 업무에 숙련된 선배로서 단서를 제공하기도 하고,
개인적인 고민이 있을 때 비슷한 경험을 돌이켜보며 상담을 해
주기도 하며, 그와 같은 경험은 하지 않았어도 도움이 될 만한 다
른 대안을 제안하기도 한다.

조언은 조언다워야 한다. 즉 말하는 사람의 의도는 도움을 주
고자 하고, 듣는 사람은 그 조언을 통해 개선되어야 한다는 말이
다. 따라서 효과적인 조언은 말하는 사람의 의도가 분명해야 하

고, 듣는 사람이 받아들일 수 있어야 한다.

　말하는 사람의 의도가 다른 감정들, 예를 들어 분노와 답답함 등이 섞이면 조언을 가장한 비난이 되기 쉬우니 주의해야 한다. 조언을 하기 전에 진정 그 조언이 상대를 위한 것인지, 감정적인 반응은 아닌지 돌아보고, 상대가 조언을 받아들일 준비가 되어 있는지도 살펴봐야 한다.

효과적인 조언을 위한 5단계 방식

의도를 분명히 하고 다른 불순한 감정을 배제했다면, 상대방이 조언을 받아들일 수 있는 방식으로 전달해야 한다. 효과적인 조언을 위해서는 다음의 5가지 단계를 거치는 것이 좋다. 처음 1단계에서는 장점을 언급하고, 2단계에서는 문제 행동을 구체적으로 지적하고, 3단계에서는 행동에 따른 부정적 결과를 전달한다. 그리고 4단계에서는 조언을 하는 의도를 밝히고, 마지막 5단계에서는 권유 사항을 이야기한다. 자세하게 살펴보자.

　우선 1단계에서는 상대방의 긍정적인 측면을 언급하는 것이 중요하다. 조언을 시작하기 전에 긍정적 측면을 먼저 언급하면 호감을 줄 수 있고, 상대방의 자존감을 보호해줄 수 있기 때문이다. 여기서 장점은 구체적으로 언급해야 좋다. 앞서 말한 바와 같이 뭉뚱그린 칭찬은 인사치레처럼 들릴 수 있다.

예를 들어 "넌 다 좋은데 ○○가 문제야."라는 식의 말은 장점을 언급해서 얻는 효과를 기대할 수 없다. '다 좋은데'라는 말은 무의미한 접두사에 불과하며, '현재 가지고 있는 문제점 외에는 상대에 대해 내가 아는 것이 별로 없다.'라는 말과 같다.

2단계에서는 문제 행동을 구체적으로 지적한다. 지각이 잦고 근무 태도가 철저하지 못한 후배에게 "왜 매일 늦어? 좀 일찍 다녀야지."라는 지적은 자칫 반발을 살 수 있다. 실제로 그 후배는 '매일' 늦지는 않았을 것이기 때문이다. 행동 개선을 유도하려면 며칠을 지각했는지 구체적으로 언급하는 것이 좋다. 그래야 조언을 받아들일 수 있고, 추후에 행동이 개선되었는지 평가하는 데도 편리하다.

3단계에서는 문제 행동으로 초래되는 부정적 결과를 함께 전달하면 더욱 효과적이다. 예를 들어 잦은 지각이 문제가 된다면 업무 차질, 부실한 자기 관리, 사규 위반으로 인한 제재 가능성 등을 전달하면 개선을 해야 하는 이유가 확실히 전달된다.

4단계에서는 객관적 결과뿐만 아니라 조언을 하는 의도도 밝힌다. 조언은 보통 긍정적 의도에서 비롯된다. 상대방에게 관심이 없다면 문제 행동만 지적하면 된다. 그러나 좀더 나아지기를

후배나 동료에게 조언하는 연습을 해보자. 원칙에
맞추느라 어색하게 말할 필요는 없다. 원칙은 고려하되,
평소 자신이 사용하는 언어로 전달하면 된다.

바라는 마음이 있기 때문에 도움을 주려는 것이므로 그러한 마음을 함께 전달하는 것이 좋다. 그래야 조언을 자연스럽게 수용하고, 행동개선으로 이어질 가능성도 더 높아진다.

5단계에서는 권유 사항을 이야기한다. 위의 예에서 보면 근무태도를 잘 관리하라거나 구체적인 업무 방향을 바로잡아주는 것 등을 권유할 수 있다.

효과적인 조언을 위한 연습

아래의 보기를 참조해 앞서 설명한 조언의 5단계에 맞춰 후배나 동료에게 조언하는 연습을 해보자. 원칙에 맞추느라 어색하게 말할 필요는 없다. 원칙은 고려하되, 평소 자신이 사용하는 언어로 전달하면 된다.

사례 1_ 지각이 잦은 경우

- 1단계: 장점

"○○씨는 생기가 넘쳐서 아침에 만나면 나도 기분이 좋아져."

- 2단계: 구체적인 행동

"그런데 이번 주에 나흘이나 지각을 하더군."

- 3단계: 부정적 결과

"○○씨가 지각을 반복하면 다른 팀원들도 해이해질 수 있을 것 같네."

- 4단계: 내 마음

"그래서 약간 염려가 되네."

- 5단계: 권유

"다음 주부터 출근 시간을 지켜주기를 바라네."

사례 2_ 부탁을 거절하지 못하는 경우

- 1단계: 장점

"○○씨는 마음이 착해서 다른 사람이 어려워하는 걸 보면 그냥 넘기지 못하더군."

- 2단계: 구체적인 행동

"지난번 △△씨가 부탁한 일을 돕다가 점심도 못 먹었지?"

- 3단계: 부정적 결과

"그렇게 다른 사람의 자잘한 업무를 모두 도와주다 보면 중요한 일에 오히려 실수를 할 수 있어."

- 4단계: 내 마음

"○○씨는 너무 우유부단해서 걱정이 되는군."

- 5단계: 권유

"중요하지 않은 부탁은 거절하고, 중요한 일에 에너지를 모았으면 좋겠어."

연습 1_ 아이디어는 참신하지만 기획안의 마감일을 지키지 못하는 경우

- 1단계: 장점

- 2단계: 구체적인 행동

- 3단계: 부정적 결과

- 4단계: 내 마음

- 5단계: 권유

연습 2_ 업무는 열심히 하지만 팀원과 어울리지 못하는 경우

- 1단계: 장점

- 2단계: 구체적인 행동

- 3단계: 부정적 결과

- 4단계: 내 마음

- 5단계: 권유

유형별 조언시 유의점

주장형
- 상대방이 조언을 받아들일 준비가 되어 있는지 확인한다.
- 상대방의 장점을 발견하려고 노력한다.
- 자신의 의견만 강요하지 않도록 주의한다.

친교형
- 감정적인 반응은 아닌지 먼저 자신을 돌아본다.
- 진지하게 말한다. 유머가 지나치면 본뜻을 흐릴 수 있다.
- 행동을 구체적으로 언급한다.

정확형
- 상대한테 부드럽게 이야기한다.
- 생각을 정리한 후에 말하려다가 때를 놓칠 수 있다.
- 마음을 함께 전달하도록 노력한다.

조화형
- 상대에게 좀더 적극적으로 이야기해도 좋다.
- 문제에 관해 객관적 입장을 유지한다.
- 문제 행동의 부정적 결과를 얼버무리지 않도록 한다.

모든 사람과 항상 소통해야 하는 것은 아니다. 본인이 더이상 자신을 개방하고자 하지 않는다면, 즉 소통을 원하지 않는다면 마음을 닫을 수 있다. 그런데 목적하는 바와 다르게 행동하면서도 이를 자각하지 못하는 것은 안타까운 일이다. 좋은 관계를 위해 열심히 노력하는데도 기대하는 만큼의 효과가 나타나지 않을 것이기 때문이다. 소통을 가로막을 수 있는 7가지 태도를 살펴보면서 혹시 자신이 자연스러운 흐름을 막고 있지는 않았는지 돌이켜보자.

··· 3장 ···

소통을 위한
자기관리가 중요하다

불통에 빠지지 않으려면
어떻게 해야 하는가?

• • •

불통에 빠지지 않으려면 자신이 소통에서 어떤 문제가 있는지, 어떤 의사소통 유형에 속하는지 파악하는 것이 중요하다. 문제점을 알아야 개선할 수 있는 해결점을 찾을 수 있다.

분명히 같은 공간과 시간 속에서 말을 주고받는데 마음이 갑갑해질 때가 있다. 저 사람이 정말 내 말을 듣고 있기는 한 걸까 의심스럽고, 오기가 생겼다가 지레 포기하게 된다. 말하는 사람 속의 어떤 마음이 지배적일 때, 상대방의 이야기에 귀를 기울이고 적절하게 반응하기보다는 자신의 이야기를 풀어내는 데 지나치게 집착하게 된다.

자기 말만 반복하는 귀머거리 유형

A는 매사 적극적이고 추진력이 좋다고 알려진 사람이다. 과제가 주어지면 이걸 어떻게 처리해야 하는지, 무엇부터 처리해야 하는지 머릿속에 빠르게 그려나간다. 업무처리가 빠르고 실행력이 출중하다보니 함께 일하는 사람들은 그를 신뢰한다.

하지만 업무가 아니라 인간적인 면에서 그와 함께 일하는 것은 그리 즐거운 일이 아니다. 남의 이야기를 잘 듣지 않고 자신의 의견만 반복해서 주장하기 때문이다. 그가 주장하는 의견이 대부분 타당하기는 하지만, 다른 동료의 의견도 아주 틀린 말은 아니다. 그런데 자신의 생각이 한 번 정해지면 옆으로도 뒤로도 물러서는 법이 없다. 그를 아끼는 사람들은 강한 자기주장이 적을 만들 수도 있고, 독선적으로 비춰질 수 있다고 조언하지만 A는 그러한 충고도 귀담아듣는 것 같지 않다.

상대방의 이야기가 끝나기가 무섭게 "그러니까 내 말은…"이라고 하며 조금 전에 자신이 하던 이야기를 이어가는 유형이다. 겉으로는 대화하고 있는 것처럼 보이지만, 자신의 이야기가 중단된 시점에서 멈춰 있다가 다시 이야기할 틈만 살피고 있다. 다음에 이어나갈 자신의 생각에 집중하고 있으니 상대방이 하는 이야기에 집중할 겨를이 없고, 상대방의 이야기 흐름에 따라 적절한 반응을 하기 어렵다.

자신의 생각이 옳다는 확신에 강하게 사로잡히면 이런 오류를 범하기 쉽다. 1장에서 살펴보았던 4가지 유형 중 주장형이 빠지기 쉬운 오류다. 자신의 의견이 옳고 상대방을 자신의 의견과 같은 방향으로 이끌어야 한다는 욕구가 강해지면, 상대방의 이야기에는 귀를 막고 자신이 말할 틈새만 노린다. 사람들은 이렇게 생각할 수도 있고, 저렇게 생각할 수도 있다. 즉 나의 의견도 옳지만 상대방 의견도 타당할 수도 있다는 것이다. 그러나 이러한 전제가 없으면 자신의 생각을 전파하는 데 급급해져서 상대방의 이야기에 귀를 기울일 여유가 적어진다.

- 나는 다양한 의견에 개방적인가?
- 이야기를 들으면서 옳고 그름을 판단하는 편인가?
- '다르다'와 '틀리다'를 구분하는가?

중요하지 않은 세부 사항에 집착하는 꼬투리 유형

B는 일처리에 빈틈이 없는 정확하고 치밀한 사람이다. 문서를 만들고 보고하는 데도 꼼꼼해서 서식이나 편집뿐만 아니라 오타

까지 확인해서 깔끔하게 만들어낸다. 그만큼 사전준비부터 중간 점검, 그리고 마지막 순간까지 검토하고 살펴보고, 다시 확인해 실수나 오류를 피한다. B가 하도 꼼꼼하니, 그와 함께 일하는 사람들은 대충 해도 된다고 농담하기도 한다.

성실하고 믿음직한 B지만, 가끔씩 함께 일하는 사람들을 힘들게 할 때가 있다. 새로운 업무를 시작할 때는 세세한 사항들까지 지나치게 거듭 확인해서 일의 진전이 더뎌진다. 작은 부분 하나까지 다 확인하려고 해 사람들은 이야기를 할 때도 혹시 꼬투리 잡혀서 일이 지연되지 않을까 긴장한다.

이야기의 큰 흐름이나 주제에 크게 영향을 미치지 않는 부분이라도 자신의 생각과 딱 맞아 떨어지지 않으면 이야기를 더이상 진행하지 않고 건건이 따지는 사람들이 있다. 소통 유형 중에서 정확형에 해당하는 사람들은 이러한 오류에 사로잡혀 불통의 모습을 보일 수 있다. 그들은 지엽적인 부분이 정확하게 전달되지 않으면 중요한 부분도 제대로 전달되지 않을 수 있다고 전제한다. 또한 소통을 통해 정서적인 교류보다는 정보와 사실의 전달을 더 중시하는 편이다. 하지만 전반적인 소통의 흐름보다 정확성에 집착하게 되면 결국 세부 사항에 집착해 소통 자체를 단절시키게 된다.

상사가 보고서의 전체 맥락이나 흐름에 대한 피드백 없이 세부 사항을 지적해서 답답해하는 직원들을 종종 만난다. 문서에 오타가 있거나 양식이 맞지 않으면 내용에 대해서는 이야기를 꺼내보지도 못한 채 자리로 돌아가야 되니 그때마다 무기력함이 느껴진다고 한다. 세부 사항을 꼼꼼하게 챙기려는 노력도 중요하지만, 전체와 세부 사이에서 적절한 균형을 유지하려는 상사의 노력도 필요하다. 아마도 상사는 '하나를 보면 열을 안다.' '작은 것 하나를 소홀히 하면 결국 큰 것을 놓치게 된다.'라고 생각할 수 있지만, 작은 것에만 집중하게 되면 자칫 큰 것에는 접근조차 못할 수 있다. 하나 둘만 세다가 열까지는 가보지도 못하는 결과를 낳을 수도 있는 것이다.

- 나는 세심함과 소심함 중 어디에 더 가까운가?
- 나는 전체와 세부에 대한 우선순위가 적절한가?
- 사소한 실수가 전체를 망칠 수 있다고 확신하는가?

분명하게 표현하지 못하는 아메바 유형

C는 다른 사람의 이야기를 잘 들어주는 온화하고 부드러운 사람이다. 심성이 순하고 배려심도 많은지라 동료들과 부딪히거나 주

변과 갈등이 거의 생기지 않는 것 같다. 그런데 모순이지만 주변의 이야기를 잘 따르는 그의 방식이 오히려 사람들과의 갈등을 만들어낼 때가 있다. 상대방의 이야기에 대부분 수긍하다 보니 그의 모호한 의사표현이 일을 꼬이게 만드는 것이다. 어떤 이는 C를 친구로 삼고 싶기는 하지만, 함께 일하는 동료로 두고 싶지는 않다고도 한다. 분명하지 않은 의사표현이 오히려 일을 어렵게 하고, 의사결정이 빠르지 않아서 일을 더디게 할 때가 있기 때문이다.

C처럼 분명하게 자신의 의견을 표현하지 않고 대충 얼버무리거나 주변 의견에 동조하는 사람들이 있다. 언뜻 보면 여러 사람과 원만한 인간관계를 유지하면서 잘 지낼 것 같지만, 실상을 보면 꼭 그런 것은 아니다. 그들은 분명하게 자신의 의견을 말해야 하는 중요한 순간에도 자신의 의견을 제대로 표현하지 않는다. 소통 유형 중에서 조화형을 추구하는 사람들이 빠지기 쉬운 오류로, 지나치게 조화를 추구하려다 보면 소통에 가장 중요한 핵심을 교류하지 못하게 된다. 더 문제인 것은 주변의 분위기에 맞추어서 쉽게 동조해버리다 보니 상황에 따라 의견이 달라진다는 것이다.

이러한 불분명한 의사소통 유형은 가벼운 인간관계에서는 크게 문제될 것이 없다. 하지만 업무 상황이나 갈등 상황에서 분명

전반적인 소통의 흐름보다 정확성에 집착하게 되면
결국 세부 사항에 집착해
소통 자체를 단절시키게 된다.

하게 의사표현을 하지 않으면 주변 동료에게 폐를 끼치기 쉽다. "뭐 대충 넘어가." "난 다 괜찮아." "알아서 처리해."라는 식으로 자신의 의사를 표현하지 않으면 소통이 원활하게 이루어지는 것처럼 보이지만, 면밀하게 보자면 일방적인 소통만이 이루어지고 있는 셈이다.

이러한 유형의 기저에는 갈등을 불편하게 여기는 마음이 숨겨져 있다. 모든 사람의 의견이 동일할 수는 없다. 즉 자신의 의견을 분명하게 표현하게 되면 어딘가에는 반대 의견을 가진 사람이 있을 수 있고, 자신의 의견에 대해 부정적인 반응을 하는 사람도 있을 수 있다. 그러나 조화형을 추구하는 사람들은 혹시라도 생길지 모르는 이러한 갈등을 피하려는 마음에 가장 무난하고 안전한 반응을 선택하는 것이다. 하지만 이런 태도가 반복되면 자신의 마음을 소통할 기회까지도 없어질 수 있다.

- 나는 갈등은 피할수록 좋다고 생각하는가?
- 나는 주변 사람의 의견과 반응을 많이 의식하는 편인가?
- 주변의 모든 사람과 원만한 관계를 이루어야 한다고 생각하는가?

146

넘겨짚기의 달인, 지레짐작형

D가 제일 많이 하는 이야기는 아마도 "아! 그거?"일 것이다. 주변 사람들이 업무 혹은 사적인 경험에 대해서 이야기를 하면 D는 대개 그 방면에 대해 이미 잘 알고 있다. D가 하는 이야기들이 대부분 틀리지 않고, 유용하고 실제적인 정보들이 많아서 걸어다니는 백과사전이라고 불릴 만하다.

하지만 지나치면 모자람만 못하다고 하듯 간혹 상대방이 이야기할 틈을 주지 않는 것 같아 오히려 인간관계에 해가 될 때가 있다. D에게 이야기하면 잘 알려준다는 사실을 알고 있지만, 사람들은 D에게 선뜻 물으려고 하지 않는다. 초록창은 원하지 않으면 닫아버리면 되지만, D의 대화는 일단 시작하면 한동안 일방적으로 조언을 들어야 하기 때문이다.

상대방의 이야기가 다 끝나기도 전에, 말하지 않아도 다 안다면서 지레짐작하며 넘겨 짚는 사람들이 있다. 이들은 "알아, 알아. 내가 당신이 어떤 사람인지 다 아는데, 무슨 이야기하는지 말 안 해도 다 알아." "내가 그럴 줄 알았어. 이야기 다 안 해도 무슨 말 할지 알겠어." "우리 사이에 다 이야기 안 해도 알아." 등과 같이 상대방이 이야기를 풀어놓으려고 하면 상대방에 대해 이미 알고 있는 정보와 이해에 기반해서 말하지 않아도 다 안다며 이야기를 막고 자신의 생각을 말한다.

관계의 친밀감이 클수록 "말하지 않아도 알아요."라는 식의 지레짐작은 더 두드러진다. 긍정적인 측면에서 이는 상대방에 대해 깊이 이해하고 있다는 증거이고, 깊은 친밀감을 증명해주는 것이기도 하다. 하지만 지레짐작이 지나치다 보면 말하는 사람은 자신의 생각이나 마음을 충분히 표현할 기회를 놓치게 된다. 상대방에게 표현할 기회를 주고 그것을 경청하는 것은 소통의 핵심적인 부분이다. 우리는 다른 사람 앞에서 자신의 생각이나 마음을 표현하는 과정을 통해 생각을 정리하기도 하고 마음을 자각하기도 하며, 정리되지 않아 장황하거나 사소한 이야기를 귀 기울여 들어주는 상대방에게 신뢰를 느끼게 된다. 즉 상대가 전달하려는 내용이 무엇인지 이미 추측해서 알고 있더라도, 직접 이야기를 나누고 시간을 공유하는 것이 중요하다. 간혹 그 지레짐작이 맞지 않는다면 불통으로 더욱 쉽게 이어진다.

- 나는 가까운 사람이라면 말하지 않아도 상대방의 생각을 읽어야 한다고 생각하는가?
- 지금까지 자신의 짐작이 항상 정확했다고 생각하는가?
- 말하기 전에 미리 알아주면 상대방이 항상 기뻐하리라고 생각하는가?

상대방의 의도를 의심부터 하는 불신형

E는 책임감 있고 예의 바른 사원이다. 주변의 작은 도움도 폐를 끼치기 싫다며 거절하고, 자신이 맡은 업무는 늘 깔끔하고 빈틈이 없이 처리한다. 그런데 E의 예의 바르고 도리를 지키려는 부분이 오히려 사람들과의 관계를 어렵게 할 때가 있다. 일하다 보면 싫은 소리를 들을 수도 있고, 합리적이지 못한 상황에 놓일 수도 있는데 E는 그런 상황에서 조금도 양보가 없다. 부정적 반응을 보일 기미가 있거나 다소 손해볼 여지가 보이면 매우 방어적으로 변하고, 자신의 정당함에 대해 이야기하느라 불가피한 상황에 대한 설명은 전혀 들으려고 하지 않는다.

대화를 나눌 때 표면적인 내용보다는 숨어 있는 의도와 의미에 집중하는 사람들이 있다. "지금 그게 무슨 뜻이지?" 혹은 "그 이야기를 왜 하는 거야?"라고 말함으로써 상대방도 미처 의식하지 못한 의도를 추론하려고 한다. 그러면 상대는 그것이 무엇을 의미하는지 해명하게 되고, 어느새 대화의 주제는 원래 나누려고 했던 주제에서 멀어진다. E의 경우와 다르게 부정적인 기미가 탐지되지 않는 일상적 상황이라면 소통이 어렵지 않을 수 있다. 상대방의 의도를 의심하고 혹시라도 부정적 의도가 있지 않은지 확인하려는 것은 그들의 세상에 대한 지각과 관련이 있다.

불신형의 소통 오류를 보이는 사람들은 세상에 대한 지각이 호의적이지 않다. 언제든지 공격을 받을 수 있다고 생각하기 때문에 주변에 예민하게 반응한다. 상대의 이야기를 듣는 대신 자신을 방어하는 데 더 많은 에너지를 투자하는 것은 그들의 입장에서 보면 당연한 일이다. 불신형의 사람들은 언어적 단서뿐만 아니라 비언어적인 단서도 잘 알아차리며, 잠재적인 위험성도 확인하려고 한다. 또한 자신을 방어하기 위해서 혹시라도 있을지 모르는 적대적인 의도를 확인하는 일을 중요시한다.

- 나는 작은 비언어적인 단서에 지나치게 큰 의미를 부여하지는 않는가?
- 모든 사람은 자신을 위해 남을 이용할 것이라고 생각하는가?
- 호의적인 태도를 보이는 사람은 일단 의심하는 것이 안전하다고 생각하는가?

소통 문제 Self Check

- **자신의 의견에 대한 고집_** "그게 아니라 내 생각이 옳다."
  - ⋯▸ 정답이 한 가지만은 아닐 수도 있다.
- **세부 사항에 대한 집착_** "부분이 틀리면 전체가 틀린 것과 같다."
  - ⋯▸ 세세한 부분이 전체 흐름을 좌우하지는 않는다.
- **갈등에 대한 회피_** "괜히 불편해지느니 가만히 있는 게 낫다."
  - ⋯▸ 다른 의견을 이야기한다고 관계가 깨지는 것은 아니다.
- **상대방의 감정에 대한 지나친 동일시_** "말하지 않아도 다 알 수 있다."
  - ⋯▸ 상대방에게 직접 표현할 기회를 주는 것이 상대를 존중하는 것이다.
- **세상에 대한 불신_** "나를 만만하게 보니까 저렇게 이야기하는 것이다."
  - ⋯▸ 미리 부정적으로 짐작하는 것은 나에게 도움되지 않는다.

상대방의 의도를 의심하고 혹시라도
부정적 의도가 있지 않은지 확인하려는 것은
그들의 세상에 대한 지각과 관련이 있다.

소통을 가로막는
7가지 태도

• • •

상황과 대상에 따라 소통을 잘 이루기도 하고, 불통에 답답해하기도 한다. 불통으로 이어질 수 있는 태도를 알아보고, 소통을 촉진하는 태도를 취할 수 있도록 자신을 돌아보자.

특별히 심리적으로 문제가 있는 것이 아니라면 소통하는 사람, 불통하는 사람은 따로 정해져 있지 않다. 우리는 상황과 대상에 따라 원활하게 소통을 잘 이루기도 하고, 반대로 불통에 답답해하기도 한다. 사람들은 각각 가치관·의견·흥미·선호 등이 다르다. 그 차이를 대하는 태도가 소통을 가로막는 갈등이 될 수도 있고 되지 않을 수도 있다. 불통으로 이어질 수 있는 태도를 알아보고, 소통을 촉진하는 태도를 취할 수 있도록 자신을 돌아보자.

냉소적인 태도

자신의 생각과 다른 관점의 이야기를 할 때, 그것이 어떻게 문제가 있고 어떤 부정적 측면과 결과를 만들어낼 가능성이 있는지를 먼저 언급하는 사람들이 있다. 부정적이고 냉소적인 반응은 말하는 사람의 소통하고자 하는 의지를 약화시킨다.

"A씨는 이야기가 안 통합니다. 제가 이야기를 하면 꼭 초를 치는 이야기를 해요. 좋게 보면 비판적인 관점으로 분석해준다고 할 수도 있겠죠. 그렇지만 듣기 좋은 소리도 한두 번인데 매번 '그건 현실적으로 말이 안 되는 이야기야.'라고 하면서 현실적 문제를 짚어주고, '그 말을 아직도 믿는 사람이 다 있네.'라고 하면서 반대 입장을 굳이 알려주어서 말하는 사람의 기운을 쭉 빼놓습니다."

"B씨와 이야기하다 보면 마음이 답답합니다. 지나치게 걱정이 많아서 어떤 주제로 이야기하든 걱정거리를 찾아냅니다. 회의에서 회사가 새로운 전략을 추진한다고 하면, 요즘 같은 세상에 그게 효과가 있겠냐면서 괜히 헛고생할 것 같다고 투덜거립니다. 개인적인 이야기를 할 때도 마찬가지에요. 가족끼리 해외로 여행을 갈까 생각중이라고 들떠서 이야기하는데, B씨가 가족끼리 여행을 다녀오면 피곤하고 돈도 많이 쓰게 되고, 꼭 다투고 돌아와 사이도 나빠지니 신중하게 생각해서 계획하라는 겁니다. 주변 경험을 토대로 자기 딴에는 걱정해서 하는 말이라는데, 더이상 이야기할 맛이 나지 않더군요."

부정적이거나 냉소적인 태도를 보이는 사람들이 의식적으로 상대방의 이야기를 막으려는 의도가 있어서 그러한 태도를 보이는 것은 아니다. 상대방이 미처 보지 못하는 측면을 알려주고, 혹시라도 발생할지 모르는 염려되는 부분을 짚어주는 방식으로 도움을 주고, 대화를 건설적인 방향으로 이끌어가려는 것이다. 하지만 그들의 의도와는 다르게도 말하는 사람의 입장에서는 자신의 이야기를 반박하거나 김새게 만든다고 받아들인다.

이렇게 부정적이고 냉소적인 태도를 보이는 데는 대체로 2가지 이유가 있다.

첫 번째는 주제의 문제점을 분석하고 비판하려는 습관이다. 정규교육을 통해 우리는 비판력과 분석력을 습득한다. 대부분의 시험과 평가는 논리적 오류를 발견하거나 제시된 주장의 문제점 혹은 개선점을 찾아내는 방식으로, 비판력과 분석력을 향상시키는 데 초점이 맞추어져 있다. 비판적 분석력이 중시되는 것은 업무에서도 크게 다르지 않다. 있는 그대로 상황을 받아들인다면 안일하고 나태한 태도라며 비난받기 쉽다. 어느 틈에 우리는 이야기를 들으면서 자연스럽게 그것이 과연 옳은지, 문제는 없는지에 대해 분석하는 방식에 길들여진 것이다. 즉 우리는 긍정적인 면보다 부정적인 면을 찾아내는 것에 더 익숙하다. 더구나 직급이나 경력이 좀 있는 관리자라면 비판을 게을리할 경우 안이하다거나 심지어 무능하다고 간주되기도 한다.

그러나 건설적인 비판이란 주제의 문제점을 찾는 것만이 전부는 아니다. 시작은 생각의 힘을 키우려는 교육적이고 발전적이었을 수도 있다. 하지만 그것이 한쪽 방향으로 치우치고 길들여져서 상대방을 자극하는 강한 비판에 익숙해지다 보면 상대의 입장에 대한 고려나 주제의 긍정적 측면은 간과하게 된다. 결과적으로 이야기를 나누는 상대방의 입장에서 보면 당신의 언급이 비록 틀린 이야기는 아니더라도 자신의 마음을 제대로 알아주지 못한다고 받아들일 수 있다. 소통에 대한 의지가 저하되고 흐름이 가로막힌다.

간혹 냉소적이고 비판적인 태도를 나타내는 것이 지적인 능력을 반영한다고 여겨 상대방의 이야기를 비판해서 자신의 권위와 지적 우월성을 나타내려는 경우도 있다. 예를 들면 새로운 아이디어를 낼 때 "그거 해서 뭐하려고?" "아, 그거. 내가 예전에 다 해봤던 거잖아. 아무리 해봤자 안 될 걸?"이라는 반응부터 보이는 관리자 혹은 선배들이 있다. 예전에 비슷한 업무를 한 적이 있다면 부서원이나 후배에게 그 경험을 바탕으로 조언해줄 수도

말하지 않아도 전달하려는 내용이 이미 추측이 되고
알고 있다고 해도, 직접 이야기를 나누고
시간을 공유하는 것은 소통의 중요한 부분이다.

있는데, 군이 자신의 경험을 과시하며 부정적인 결과를 예견해 상대를 긴장시킨다. 이러한 태도는 상대방의 기를 꺾고 열의를 저하시키며, 상대방에 대한 마음도 닫게 만든다.

두 번째는 지나친 불안이다. 혹시라도 예상하지 못한 일이 일어날까봐 지나치게 염려하고, 그러한 부정적인 예상을 주변 사람들에게 이야기하는 방식으로 스스로의 불안을 경감시킨다. 부정적인 관점을 전파하는 사람의 관점에서 상대방의 "괜찮다."라는 반응은 위안을 주기도 하고, "당신 말이 정말 맞다."라는 동조를 통해서 '정말 그럴까? 나만 그렇게 생각하는 것은 아닌가?' 하는 불확실성이 줄어들어 안정감을 되찾기도 한다.

하지만 상대방의 입장에서 보면, 혼자서는 미처 생각하지 못했던 부정적인 측면이나 결과를 생각하게 되어 이전에 없었던 염려가 생기고, 긍정적인 결과를 가져오지 못할 것이라는 예상에 기운이 빠진다. 낙담한 사람은 당연히 적극적으로 자신을 표현하고자 하는 의지가 줄어들게 되며, 자신을 낙담시킨 사람에게 마음을 여는 데 조심스러워질 수밖에 없다.

나는 얼마나 긍정적인가?

문제를 해결할 때 상대방과 나의 생각 차이를 분석하고 확인하는 과정은 중요하다. 하지만 우리가 얼마나 다른지 확인하는 것만이 아니라, 어떤 부분에서 비슷한지도 함께 확인하기 위해 차이를 분석한다는 것을 잊지 말아야 한다.

비록 나와 다른 의견이나 관점이 있더라도, 다른 점을 비판하기보다 긍정적인 관점으로 대하면 상대방의 표현을 더 촉진할 수 있다. 아래의 표에 나와 있는 문구들을 살펴보며 자신의 평소 말투가 어떤 쪽에 더 가까운지, 나는 얼마나 긍정적인지 생각해보자.

⋯▸ **부정적 말투와 단어 vs. 긍정적 말투와 단어**

부정적 말투와 단어	긍정적 말투와 단어
어쩔 수 없잖아.	이제 뭘 할 수 있을까.
해야만 한다.	하고 싶다. 하겠다고 결정했다.
이렇게밖에 못하나. 이게 다 한 건가.	더 할 수 있는 게 뭐가 있을까.
(언제)까지 못하면 큰일이야.	(언제)까지 반드시 마치도록 하자.
실수하지 않도록 하게.	멋진 보고서를 만들어보게.
어떻게든 잘 되겠지.	우리는 잘해낼 수 있을 거야.
풀리지 않는, 어려운.	도전해볼 만한, 해볼 만한.
실패.	성공을 향한 실험.
갈등.	화합을 위한 조정, 서로를 이해하는 과정.
슬럼프.	도약을 위한 준비.
문제.	기회.

세부에 집착하는 태도

소통을 가로막을 수 있는 두 번째 태도는 대화의 큰 흐름과 관련 없는 세부 사항에 지나치게 집착하는 태도다. 작은 시내가 흘러 바다를 이루듯, 작은 오류 하나가 큰 사고를 불러일으킬 수 있으므로 우리는 사소한 것이라도 가볍게 넘기지 말고 분명하고 명료하게 짚고 넘어가야 한다고 생각한다. 물론 맞는 말이지만, 전반적인 흐름을 놓치고 세부 사항에 집착해 적절한 균형을 잃게 되면 부드러운 소통의 흐름도 막힐 수 있다.

"C씨와의 대화는 잘 흘러가다가도 한 번 브레이크가 걸리면 꼼짝하지 않습니다. 원체 정확하고 사리가 분명한 사람이라 거의 틀린 말은 안 하지만, 이야기하다 보면 약간 다른 의견이 나올 때가 있습니다. 사실 반대한다는 것도 아니고 넓게 보면 같은 맥락에서 다른 관점을 이야기할 수도 있는 건데, C씨는 본인 의견에 딱 맞기 전에는 진전이 없어요. 작은 건 그냥 좀 넘기면서 다른 사람의 의견도 그럴 수 있다고 인정해주면 좋겠는데, 사소한 것 하나도 물러서지 않아 콘크리트 벽을 맞닥뜨린 것 같습니다. 그와 미팅을 마치고 나면 사소한 말싸움으로 긴 시간을 소비한 것 같아 영 찜찜합니다."

C씨처럼 세부 사항에 집착하는 사람과 소통을 할 때 상대는

이런 느낌을 받을 수 있다. 이에 대해 C씨는 이렇게 주장한다.

"사람들은 별 것도 아닌 일을 따지느냐고 하지만, 제 생각은 그렇지 않습니다. 작은 것 하나가 나중에 어떤 불씨가 될지는 아무도 모릅니다. 사소한 의견 하나에도 그 사람의 기본적인 생각이 깔려 있기 때문에, 조금 이상하다 싶으면 정확하게 확인해야 뒤탈이 없습니다. 물론 미팅 시간이 길어져서 생산성이 떨어진다는 불만이 있다는 걸 알지만, 효율성을 따지다가 오류가 생기는 것보다는 안전하고 더디게 가는 것이 낫다고 생각합니다."

세부 사항을 꼼꼼하게 챙기고, 모든 구성원이 동질적인 생각을 공유하고 있는지를 확인하는 것은 업무에서 중요한 일이다. 특히 그것이 안전과 관련된 이슈이거나 정확성을 중시하는 업무라면 C씨의 주장처럼 정확성을 위해서 어느 정도의 효율성을 잃는다고 해도 타당할 수 있다. 하지만 만일 그 일에 신속한 의사결정과 시기적절한 성과 창출이 중요하다면, 효율적인 시간 관리는 무엇보다도 중요한 이슈가 된다. 일의 주제와 특성에 걸맞게 세부 사항에 대한 강조를 적절하게 조절한다면, C씨의 태도는 매우 바람직해질 수 있다.

우리가 경계해야 할 것은 지나치게 세부 사항에 집착하는 태도다. C씨가 세부 사항과 전체 흐름 간의 균형을 유연하게 조절한다면 이상적이겠지만, 만일 그가 지닌 습관을 일관되게 고집한다면 소통하는 상대방은 '콘크리트 벽을 마주한 것 같이' 답답할 터다. 그와 대화한 게 쓸데없는 시간 낭비를 한 것 같아 유쾌하지 않은 경험으로 기억할 것이다.

유연함이 결여된 지나친 세부 사항에 대한 집착은 완벽함에 대한 추구와 관련이 있다. 이 세상에 완벽한 사람이 없다는 사실을 모두 잘 알고 있지만, 우리는 완벽을 지향해야 한다고 생각한다. 원래 스스로에게 높은 기준을 부여하고 완벽을 추구하는 경향이 있거나, 혹은 주어진 역할이 중요하고 성과에 대한 책임감을 강하게 느끼는 사람일수록 작은 실수에도 민감하고, 세세한 것을 필요 이상으로 중요하게 받아들일 가능성이 있다. 작은 오류 하나는 전체가 잘못된 것과 다름없다는 사고가 대표적인 완벽주의자의 경향이다. 그러한 관점에서 상대방과 의견이 부분적으로 다른 것, 혹은 본인의 생각과 조금 다른 표현을 하는 것은 결국 전반적인 의견이 다른 것과 마찬가지이고, 나와 생각이 전혀 다를 수 있다는 것을 암시하는 셈이다. 그러니 작은 의견 차이 하나, 잘못된 표현 하나라도 허투루 넘길 수가 없는 것이다.

세부 사항에 지나치게 집착하는 태도를 촉진하는 또 다른 마음은 부정적인 결과에 대한 예상과 그로 인한 불안이다. C씨가 말한 것처럼 사소하게 넘겨버린 어떤 것이 나중에 '불씨'가 될 수도 있다는 가능성을 상기하게 되면 대범해지기가 쉽지 않다.

지금 사소한 일이 나중에 혹시 큰 이슈가 될 수도 있다는 불안에 사로잡히게 되면 확인하고 또 확인해야 안심이 되고, 그로 인해서 시간이 좀 소요되더라도 불가피한 과정이라고 생각될 수밖에 없다. 타당한 수준인지 확인하는 게 아니라 소통을 저해할 정도로 세부 사항에 집착하게 되는 경우는 부정적인 결과가 일어날 가능성을 과대평가하거나 그 위험성을 과장해서 지각한다. 당신이 생각하는 걱정과 염려에 대해서 사람들 대부분이 동의하지 못하고, 지나친 기우라고 이야기한다면 스스로 위험성을 과장해서 지각하고 있지는 않은지 돌이켜볼 일이다.

방어적인 태도

대화의 흐름을 막는 세 번째 태도는 자신의 의견을 고수하려는 방어적인 태도다. 상대방의 견해를 자신에 대한 비난이나 공격으로 받아들여서 방어적 태세를 취하게 된다. 내가 틀리지 않았다거나 정당하다고 증명하기 위해서 본인 생각에 몰두하다 보면, 상대방의 의견에 귀를 기울이지 못하게 되고 일방적으로 자신의 이야기만 하게 된다.

　A팀장은 책임감이 강하고 성실해서 본인 업무에 대해서는 확

정당하다고 증명하기 위해서 본인 생각에 몰두하다 보면,
상대방의 의견에 귀를 기울이지 못하게 되고
일방적으로 자신의 이야기만 하게 된다.

실하게 일을 마무리한다. 그런데 본인 업무에 대한 자부심이 강해서인지 주변에서 그와 다른 견해를 내면 눈에 보일 정도로 언짢은 기색을 보인다. 그의 업무처리 방식이 잘못되었다고 비난하는 것이 아니라 단지 다른 관점도 가능하다고 이야기한 것뿐인데, "뭐가 불만이냐."라는 식으로 공격적으로 반응한다. 평소에는 조용하고 자기주장이 강하지 않지만 본인 업무에 대한 언급에는 지나치게 민감하게 반응하니, 주변 사람들은 그와 이야기하다가 자칫 논쟁으로 번질까 조심스러워한다.

그러나 A팀장도 이 부분에 대해 할 말이 있다고 한다.

"저는 맡은 일에는 최선을 다하고 깔끔하게 마무리해서 조직이나 동료에게 피해를 주지 않아야 한다고 생각합니다. 민폐가 되지 않으려고 열심히 일한 덕분에 성실하고 책임감이 강하다는 평판도 얻었고, 팀장 자리까지도 무난하게 올라온 것 같습니다. 내가 맡은 일에는 누가 뭐래도 항상 빈틈없이 마무리해놓는데, 주변에서 이러쿵저러쿵하는 걸 들으면 기분이 상합니다. 그런 평가를 들으면 '그래서 내가 잘못했다는 건가?' 하는 생각에 내가 틀린 게 아니라는 걸 알려주려고 합니다."

상대방의 언급을 나에 대한 공격으로 인식하게 되면 당연하게도 A팀장처럼 방어적인 태도가 된다. 경쟁하는 상황에서 자신의 입장을 옹호하고 타당성을 증명해서 우위를 점해야 한다면, 객관적 근거를 찾고 논리적으로 반박하는 태도는 필요하다. 그러나 상호 협력해 좀더 나은 대안을 모색하거나 새로운 상황에서 아이디어를 도출해야 하는 상황이라면, 다양한 의견에 대해 방어적인 태세보다는 개방적으로 수용하려는 태도가 더 적절하다. 주어진 상황의 특성을 고려하지 않고 A팀장처럼 본인과 의견이 다르다고 해서 발끈하며 방어적인 태도를 취한다면 소통은 매끄럽게 이루어지기 어렵다.

방어적인 태세를 취하는 주요 이유는 상대의 이야기를 나에 대한 '평가'로 인식하는 경향에서 비롯될 수 있다. 자신의 업무에 대한 언급을 등급을 매기는 평가처럼 받아들인다면 '아무 의견이 없다'거나 '잘했다'는 반응을 제외한 모든 의견을 비판처럼 받아들이기 쉽다. 특히 A팀장처럼 민폐를 끼치지 않아야 한다거나, 빈틈없이 해야 한다고 완벽을 추구하는 경향을 지닌 사람은 자신과 다른 견해나 관점을 평가나 비판으로 쉽게 인식한다.

A팀장처럼 성실하게 매사에 최선을 다한다고 해도 사람은 항상 완벽할 수는 없다. 최선을 다했더라도 미처 고려하지 못한 부분이 있을 수 있고, 미흡한 부분을 추후에 발견할 수도 있다. 나중에 보완해야 할 부분을 발견했다고 해서 그간의 노력이 무의미한 것은 결코 아니다. 지나치게 완벽을 추구하려는 경향은 자신과 다른 의견을 비판으로 인식해 방어벽을 만들기 때문에 원

166

활한 소통을 저해하며, '완벽한' 결과를 이루어가는 데 오히려 도움이 되지 않을 수 있다.

방어적 태도를 가진 사람들은 역할이 주는 책임감이나 부담감으로 인해 빈틈이 드러나게 되면 민감하게 반응하기도 한다. 예컨대 관리자로서의 권위나 역할에 대한 자신감이 공고하지 않은 신임관리자일 경우, 자신과 다른 의견을 종종 권위에 대한 도전으로 인식한다. 팀장이 되었다고 해서 갑자기 전지전능해지지는 않는다. 팀원들보다 좀더 업무 내용을 많이 알고, 업무 경험이 많을 뿐이다. 팀장이 된 지 얼마 되지 않아 리더로서의 자질이 부족할 수도 있고, 최신 기술이나 지식은 팀원보다 못할 수도 있다. 그런데 리더로서 권위를 잃을 수 있다는 염려 때문에 부족하고 모자란 부분을 솔직하게 인정하지 않으려고 한다.

리더로서 존경받고자 한다면 오히려 부족한 부분을 그대로 인정하는 자세가 필요하다. 자신과 다른 견해를 공격이 아니라 보완과 발전을 위한 자원으로 받아들여야 한다. 팀장일지라도 부족한 면이 있을 수 있음을 인식하고, 팀원의 뛰어난 점을 그대로 인정하도록 한다. 그들과 함께 발전하려는 태도는 무능함과 자신부족이 아니라, 팀원에 대한 신뢰와 팀장의 유연한 사고를 함께보여주는 것이다.

과시하는 태도

자신의 지식을 보여주려고 하면 초점은 두 사람의 대화가 아니라 나에게로 옮겨진다. 다시 말해 관심을 받고 인정을 받으려는 욕구가 지나칠 때, 우리는 상호 소통에 관심을 두는 것이 아니라 자칫 자신의 우월함을 과시하는 데 몰두하게 될 수 있다.

P씨는 유능하고 자신감이 넘치는 사람으로 업무에서 능력을 인정받고 있어 업무 파트너로 함께할 수 있는 것은 행운이지만, 개인적인 친분을 쌓고 싶을 만큼 호감이 생기는 편은 아니다. 명석하고 다방면에 박학다식하다는 것은 인정하지만, 대화의 절반 이상을 그의 깊은 지식과 넓은 경험에 대해 듣고 있어야 한다는 것은 상대방의 입장에서 보면 마냥 즐거운 일은 아니다. 만약 상대방이 한 마디 하면 P씨는 그와 관련해 알고 있는 것을 보태서 열 마디를 한다. P씨가 자신의 이야기는 듣지 않고 본인 말만 하는 것처럼 보이기 때문에 상대방은 자신이 마치 강의를 듣는 학생 같다는 느낌을 받게 된다.

그러나 P씨도 이 부분에 대해 여러모로 답답한 심정을 토로한다.

"사람들은 제게 잘난 척한다고 하는데, 그게 아니라 제가 알고 있는 바를 공유하려는 것뿐입니다. 그걸 알려주면 분명 도움이 될 테니까 모르는 척하지 않고 이야기하는 거죠. 한번 이야기를 꺼내고 나면 좀더 많이 알려주고 싶은 마음에 이야기가 조금 길어지게 되고, 원래 하던 이야기를 잊게 되는 경우도 있기는 합니다. 하지만 결과적으로 도움이 되는 정보를 나눈 셈이니 좋은 일이라고 생각합니다."

유용한 정보를 제공받는 것이 대화의 목적이라면, P씨처럼 본인이 알고 있는 지식을 공유하는 행동은 소통의 목적에 적절할 뿐 아니라 상호 간 대화의 만족감도 높일 수 있다. 하지만 대화의 목적은 정보 수집에 한정되지 않는다. 단순히 정보 수집만이 목적이라면 대화보다는 '인터넷 검색'이 더 유용할 것이다. 그런데도 사람들이 검색을 하지 않고, 혹은 검색을 거친 후에도 주변 사람들에게 의견을 물어보고 자신의 생각을 나누는 것은 기계가 전할 수 없는 무언가를 원하기 때문이다. 대화는 기계와 달리 쌍방향의 소통이 가능하다. 상대방의 요구에 적합한 정보를 제공하기 위해서 이야기를 시작했다고 하지만, P씨처럼 그에 대한 상대의 반응을 경청하지 않고 본인의 이야기에 몰입하게 된다면 더이상 쌍방향의 소통이 되지 않기 때문에 인터넷 검색과 크게 다를 바 없다.

소통의 필수 덕목인 경청을 잊고 본인의 지식을 전달하는 데 몰입하는 것은 목적 지향적인 관점을 뚜렷하게 지니고 있을 때 종종 일어난다. P씨가 말한 것처럼 '결과적으로 도움이 되는 정보를 나눈 셈이니 좋은 일'이라는 결과를 중시하게 되면, 대화 과정에서 얻는 심리적인 가치는 간과하고 가능한 많은 정보를 전달하는 것에 치중하게 된다. 좋은 정보를 얻는 것이 중요한 목적인 것처럼 말이다. 하지만 대화 과정에서 불안이나 의구심을 상대방에게서 확인하고 본인의 생각에 대해 지지를 얻는 것도 대화의 중요한 목적일 수 있음을 기억해야 한다.

상대방에게 인정받고자 하는 욕구가 강하게 작용할 때 역시 대화의 교류를 잠시 잊고 자신의 우수함을 과시하는 데 치중하게 될 수 있다. 우수함을 보여주는 것은 인정과 호감을 얻는 데 도움이 될 수 있으나, 그것이 적절한 경청을 수반하지 않을 경우에는 P씨가 얻은 평판처럼 남의 이야기를 듣지 않고 상대방을 존중하지 못하는 것처럼 비추어질 수 있다. 이럴 경우 오히려 인정과 호감을 저하시킬 수 있으니 주의해야 한다.

모호하고 우유부단한 태도

좋은 게 좋은 것이라는 태도가 소통을 촉진할 것 같지만 사실 그렇지 않다. 상대방의 마음을 알아주고 맞추어가는 것만큼 자신의 의견을 분명하게 표현하고 전달하려는 노력이 함께 수반되어야 일방적이지 않은 양방향의 교류가 일어날 수 있다.

Y씨는 겸손하고 조용한 사람으로 성격이 원만해 평판이 좋은 편이다. 다만 다소 소극적인 경향이 있어서 자신의 생각을 드러내지 않아 함께 일하는 사람들을 답답하게 할 때가 있다. 분명하게 자기 의견을 표현하지 않는 게 처음에는 주변에 대한 배려라고 생각했는데, 다수의 의견이나 강하게 주장하는 사람의 의견을 그저 따르는 것 같아 무책임해 보이기도 한다. 이슈를 던져도 본인의 견해를 명료하게 표현하지 않으니, 주변 사람들은 Y씨와의 대화를 별 의미가 없다고 느낀다. 당사자인 Y씨도 자신의 우유부단한 태도가 불만이기는 하다.

"사람들이 저를 좀 답답하게 여기는 것을 전혀 모르는 것은 아닙니다. 사람 좋고 순해서 좋다고도 하지만, 모호하고 대충 묻어가려고 한다고 핀잔을 들은 적도 있습니다. 하지만 다른 사람들이 하는 말이 틀린 게 아닌데, 제 의견이 조금 다르다고 해서 괜히 이야기를 꺼내면 상황을 복잡하게 만드는 거니까 차라리 조용히 있는 게 낫다고 생각합니다. 사실 제 생각에 확신이나 자신감이 있는 게 아니다 보니 나서서 표현하는 걸 망설이다가 자리가 끝나버리는 편입니다."

여러 사람이 모여 합의를 만들어내야 하는 자리이기에 시간을 효율적으로 활용하고자 본인의 의견을 이야기하지 않고 다른 사람의 의견에 동의하는 것이라면 효율적인 시간 배분에 도움이 될 수 있다. 하지만 효율적인 시간의 활용은 의사표현을 전혀 하지 않는 것이 아니라 본인의 의견을 간단명료하게 전달해서도 충분히 가능하다.

명료하게 의견을 표현하지 않으려는 태도는 Y씨의 말처럼 자신의 의견에 대한 낮은 확신에서 비롯될 수 있다. 스스로 자신의 생각이나 감정이 타당하다는 확신이 없으면 표현을 망설이게 되기 쉽다. 적당할 경우 신중하고 겸손한 미덕이 될 수 있겠으나, 대부분의 상황에서 그런 태도가 반복된다면 업무에 대한 역량이나 역할에 대한 책임감을 의심받을 수 있다.

애매하고 우유부단한 태도는 "이야기하면 괜히 상황을 복잡하게 만들 테니 가만히 있는 것이 낫다."라는 Y씨의 말에서 엿보이듯이, 긴장감이 형성되는 것을 불편해하고 이를 피하려는 경우에도 나타날 수 있다. 불편하더라도 긴장감이 상호간의 이해를 돈독하게 하고, 교류의 깊이를 증진시키는 데 필수적인 과정이라는 사실을 기억해야 한다. 결국 긴장감을 피하기 위해서 자신의 생각이나 감정을 개방하고 드러내는 것을 피하면 깊이 있는 교류의 기회도 줄어들게 된다.

172

대화 과정에서 불안이나 의구심을 상대방에게서 확인하고
본인의 생각에 대해 지지를 얻는 것도
대화의 중요한 목적일 수 있음을 기억해야 한다.

통제하려는 태도

소통을 저해할 수 있는 네 번째 태도는 상대방의 생각이나 감정에 대해서 지나치게 개입하고 통제하려는 태도다. 본인의 신념이 뚜렷해 상대방을 설득하려는 의지가 강할 때, 혹은 상대방에 대한 관심이나 도움을 주려는 의지가 적절한 선을 넘어서는 경우라면 원만한 소통에 필수적인 상대방에 대한 존중을 해치게 되고 소통의 흐름이 막히게 되는 결과를 낳을 수 있다.

D팀장은 주장이 뚜렷하고 본인이 한번 마음을 정하면 끝까지 밀어 부치는 사람이다. 그와의 이야기는 대화라기보다는 일방적인 지시에 더 가깝다. 업무 관련해서는 그가 상사이니 지시를 내리는 것이 당연하다고 할 수도 있으나, 업무 외에도 모든 대화가 일방적이다. 점심 메뉴를 정하는 사소한 것부터 후배가 사적인 고민에 대해서 조언을 구할 때도 "넌 내가 시키는 대로 따르기만 하면 돼."라는 식이다. 업무에서는 그러려니 하지만, 개인적 부분까지 그런 식이니 팀장이라고 나를 무시하나 싶어서 기분이 좋지 않다.

H씨는 정이 많아 주변에서 어려운 일이 있으면 발 벗고 나서서 도움을 주려고 한다. 쓸데없이 오지랖 넓다고 볼 수도 있지만, 도움을 주려는 마음을 잘 알고 있으니 동료들 대부분이 그를 좋

아한다. 다만 그 마음이 지나쳐서 세세한 부분까지 간섭하려고 할 때는 마치 어린아이 취급을 당하는 것 같아 기분이 썩 유쾌하지 않다.

다른 사람을 본인 마음대로 하려는 태도의 문제점은 상대방을 존중하지 않는다는 것이고, 그로 인해 관계를 해칠 수 있다는 것이다. 그럼에도 우리가 상대방의 세세한 부분까지 개입하고 자신의 의견을 따를 것을 강하게 요구하는 이유는 그러한 태도가 관계를 해치는 것이 아니라, 상대에게 도움을 주려는 의도에서 비롯된다고 의식하고 있기 때문이다. 의도가 긍정적일지라도 그 방식은 의도를 실현시키지 못해 오히려 역효과를 낼 수 있다.

특히 상하 관계나 선후배 관계 등 경험이나 연령의 차이가 분명하고 위계가 뚜렷한 경우에는 통제적인 태도를 쉽게 나타낸다. 신속하고 카리스마 있는 업무 지시는 긍정적으로 평가될 수 있지만, 개인적인 영역에 대해서까지 동일한 방식으로 의사소통을 한다면 자칫 인격적으로 존중받지 못하는 것처럼 느껴질 수 있다.

또한 세세한 부분까지 챙기고 도움을 주려는 소통 방식은 동료로서 존중해주어야 할 경계를 지켜주지 못해 상대방에 대한 존중을 해칠 수 있다. 가정보다 직장에서 보내는 시간이 더 많고, 배우자보다 동료와 함께 지내는 시간이 더 많다 보니 직장 동료들이 마치 가족처럼 친숙하게 느껴질 것이다. 하지만 친숙하다고 팀장·팀원·동료가 가족인 것은 아니다. 부모자녀 관계에서도 지나친 간섭은 불화를 일으키는 것처럼, 친숙하다고 해서 경계를 넘어서는 우를 범하지 않도록 유의해야 한다. 아무리 가족 같은 사이라도 직장에서 경계를 잃지 않고 서로 존중을 표현하는 태도가 필요하다.

감정적 태도

감정 폭발이란 감정이 격앙되어 극단적이며 공격적인 언어가 마구 튀어나오고, 자신의 행동을 조절하지 못하는 것을 의미한다. 이런 행동은 많은 시간 동안 충분히 참았다는 지각에서 비롯되어서 웬만한 대응에도 쉽게 수그러들지 않는다. 특히 표현 성향이 높은 성격인 사람들은 '욱하는 성질'이 있다고 자신을 평하는데, 바로 이런 것이 감정 폭발에 해당한다.

H씨는 책임감 강하고 사리분별이 분명한 사람이다. 평소 모습만 생각한다면 그와 일하는 것을 피할 이유가 없지만, 그의 욱하는 성질이 문제다. 무언가 그의 심기를 건드려 욱하는 성질이 나오면 더이상 대화가 되지 않는다. 언성이 높아지고, 남의 말은 하나도 듣지 않고 쌓아두었던 공격적인 언사를 쏟아낸다. 시간이

갈등 상황을 벗어나 마음을 가라앉혔다면,
다시 자리를 마련해 상대방과
차분하게 이야기를 하는 것이 좋다.

흐른 뒤 조금 진정이 되고 나면 본인도 미안한지 지나치게 행동한 부분에 대해서 사과를 한다. 주변 사람들은 H씨가 욱하는 성질만 잘 다스리면 훨씬 더 좋은 평판을 얻을 수 있을 거라고 생각한다.

"저더러 욱한다고 하지만, 저도 나름대로 많이 참고 있습니다. 거슬리는 행동을 봐도 한 번, 두 번, 세 번까지는 그냥 그러려니 하고 넘깁니다. 하지만 계속 반복되면 성질이 팍 납니다. 쌓아두었던 이야기를 한꺼번에 퍼붓고 나면 잠깐은 속이 시원하지만, 감정적이고 성질이 안 좋은 사람처럼 비춰져 그동안 잘 참았던 것이 약간 억울하고 한 번 더 참았어야 했나 후회가 됩니다."

감정 폭발은 조절되지 않은 언행으로 상대방에게 심리적 상처를 줄 뿐만 아니라 당사자에게도 후회가 되는 행동이다. 관계는 손상되고 자책감만 남는 경우가 대부분이다. 격앙된 감정에 사로잡히면 원만한 소통이 이루어지는 것도 어려워진다.

대표적인 격앙된 감정은 분노다. 분노가 격앙되기 시작할 때 나타나는 초기 신호를 기억해놓아야 한다. 이를 자각하려는 노력이 분노 조절에 도움이 되기 때문이다. 일반적으로 스트레스를 받으면 신체적 반응이 수반된다. 예를 들어 얼굴이 빨개지거나 미간이 찌푸려진다. 또는 심장이 두근거리고 두통과 같은 신체적인 신호가 나타날 수도 있다.

이처럼 스트레스를 받는 상태에서 초기 신호가 보이면 그 상황에서 벗어나 잠시 마음을 가라앉히도록 한다. 분노를 터트리면 당장은 속이 시원할지 모르지만, 잠깐의 속 시원한 기분 하나만 얻을 수 있을 뿐임을 기억해야 한다.

갈등 상황을 벗어나 마음을 가라앉혔다면, 다시 자리를 마련해 상대방과 차분하게 이야기를 하는 것이 좋다. 이때는 서로 이야기를 경청하도록 노력하고, 한 번에 한 가지 주제씩 논해야 한다.

다음의 목록을 보면서 자신에게 해당되는 문항이 얼마나 되는지 살펴보자. 분노를 차곡차곡 쌓아놓으면 불현듯 터질지 모르니 평소에 자신의 감정을 잘 다스리도록 하자.

- 중요한 인간관계에서 불공평하다는 느낌이 자주 든다.
- 내가 무엇을 잘못하고 있는 것 같다.
- 정말 표현하고자 하는 것을 효과적으로 말하지 못한다.
- 현재 처한 상황에서 내가 무엇을 잘못했는지 모른다.
- 사소한 일에 자주 화를 내고 돌아서면 후회한다.
- 현 상황이 어떻게 달라질 수 있는지 시도하지 않는다.
- 스스로 무기력하고 힘이 없다고 생각한다.
- 나 자신을 좋아하지 않는 것 같다.
- 부당한 요구에도 "아니다."라는 말을 하지 못한다.

- 자주 사과하지만 진심으로 그렇게 느끼는 것 같지는 않다.

- 다른 사람을 보호하고 지키기 위해 나의 이익을 자주 포기한다.

- 내 인생의 통제력을 내가 가지고 있는 것 같지 않다.

자료: 한기연, 『분노 스스로 해결하기』(2001년)

소통을 위한 마음 다스리기,
이렇게 하면 효과적이다

• • •

마음으로 소통하는 관계를 이루어가기 위해서는 자신에 대한 자각이 필요하다. 자신의 선호를 모르면 편향된 관계를 맺으면서도 그것을 인식하지 못할 수 있기 때문이다.

앞서 소통을 저해할 수 있는 7가지 태도를 알아보았다. 이러한 태도들을 경계하면서 열려 있는 마음을 유지하는 것은 소통을 위한 자기관리에 도움이 된다. 즉 주변과 소통하면서 열려 있는 마음을 유지하기 위해서는 익숙한 습관과 생각들이 귀를 막지 않도록 마음을 다스리는 것이 필요하다.

　이제부터 마음을 다스릴 수 있는 효과적인 방법들을 하나씩 짚으면서 살펴보도록 하자.

쉽게 통하지 않는다는 사실을 인정한다

이야기가 잘 통하는 사람이 있는 반면, 전혀 통하지 않는 사람도 있을 것이다. 왜 그런 것일까? 각자의 성향에 따라 선호하는 정도와 통하는 정도가 다르기 때문이다. 예를 들어 사람마다 선호하는 성격이 다르다. 점심시간마다 밥 사달라는 후배를 보고 어떤 선배는 붙임성 있고 사교적이라며 챙겨주고 싶어하고, 어떤 선배는 요즘 애들은 선배 어려운 줄 모르고 버릇이 없다며 거리를 둔다. 또 업무를 혼자 다 해내려는 동료를 보면 어떤 사람은 독립적이라며 칭찬을 하고, 다른 사람은 고지식하다며 답답해하기도 한다. 이처럼 사람마다 마음이 끌리는 부분이 다른 것이다. 왜 이런 차이가 생기는 것일까? 이는 다음과 같이 3가지로 요약할 수 있다.

첫째, 사람마다 다르게 경험하기 때문이다. 어린 시절에 사교적인 친구와 좋은 기억이 많은 사람은 사교적인 후배에게 호감을 느끼겠지만, 사교적인 친구와 안 좋은 기억이 있다면 나에게 먼저 다가오는 후배가 부담이 될 것이다.

항상 독립성을 강요한 아버지와 갈등이 많았던 사람은 의지하지 않으려는 동료를 보며 화가 날 수도 있다. 이렇듯 경험은 각자의 삶에 흔적들을 남기기에 먼지를 제거하듯이 깨끗이 닦아내버리기 어렵다.

둘째, 사람마다 입장이 다르기 때문이다. 특히 업무가 얽혀 있는 관계는 더욱 그러한데, 자신의 역할이 상사·동료·후배 중 어느 위치인지, 맡은 업무가 무엇인지에 따라 상대방을 바라보는 마음은 달라질 수밖에 없다.

컵은 위에서 보면 둥근 원 모양이지만, 옆에서 보면 사각형 모양이다. 컵을 보는 위치가 서로 다름을 깨닫지 못하면, 상대방이 왜 내가 보는 것과 다른 모양에 대해서 이야기하는지 이해하지 못하고 서로 틀렸다고 지적하게 된다. 다른 사람들에게 마음을 열고 다가서려면 상대방과 내가 다른 위치, 즉 다른 입장과 역할, 그리고 성격을 지니고 있다는 사실을 기억해야 한다. 나이와 세대에 따라 직장에서 맡은 역할에 따른 입장이 다르기 때문에 각자 매력을 느끼는 사람이 다른 것이다.

셋째, 사람마다 성격과 가치관이 다르기 때문이다. 예를 들어 외향적인 사람과 내향적인 사람은 서로를 잘 이해하지 못한다. 외향적인 사람은 내향적인 사람을 보면서 '왜 저렇게 사람들과 잘 어울리지 못하는 걸까? 자신감이 없어서 여러 사람 앞에서 발표하면 저렇게 긴장하는 걸까?'라며 걱정한다. 한편 내향적인 사람은 외향적인 사람이 신중하지 않아 보여 걱정한다. '왜 저렇게 쓸데없이 말이 많지? 과연 생각하고 말하는 걸까? 저렇게 신중

중요한 책임을 맡게 된다면 개인적인 감정보다는
주어진 역할에 따라 공정하게
소통의 균형을 맞출 수 있도록 해야 한다.

하지 못해 중요한 일을 어떻게 맡을 수 있을까?'

상대방에게 끌리는 정도는 개인적인 선호도에 따라 결정된다. 마치 좋아하는 연예인·배우·스포츠가 다르듯이 말이다. 사적인 관계에서는 개인적으로 선호하는 사람과 선별적으로 어울릴 수 있고, 마음이 통하는 사람끼리 친해지고 친구가 된다. 하지만 사회생활에서는 다양한 여러 사람과 관계를 맺고 의사소통을 해야 하기 때문에, 마음 통하는 사람만 어울려서 배타적으로 관계를 맺는 일은 사실상 쉽지 않다. 그뿐만 아니더라도 치우친 교류 방식은 당신의 업무 성장을 해칠 수도 있다. 따라서 중요한 책임을 맡게 된다면 개인적인 감정보다는 주어진 역할에 따라 공정하게 소통의 균형을 맞출 수 있도록 해야 한다.

편견이나 선입견을 버려라

각자 선호하는 유형이 있는 것은 매우 당연한 일이다. 그런데 그것이 판단에 편파적인 영향을 미친다면 다양한 사람들과 소통하는 데 걸림돌이 된다.

한 방송 프로그램에서 '착각'이라는 주제로 간단한 실험을 했다. 실험참가자를 두 집단으로 나누어서 A집단에게는 깔끔하게 차려입고 좋은 레스토랑에서 파스타를 먹는 아이의 모습을 보여주었고, B집단에게는 허름한 옷을 입고 지저분한 골목길에서 놀고 있는 아이의 모습을 보여주었다. 그런 다음 사진으로 본 아이가 지능검사를 수행하고 있는 모습을 관찰하게 한 후에, 얼마나 수행을 잘했는지 평가해보라고 했다. 그 결과 A집단의 참가자들이 B집단에 비해서 아이가 더 똑똑하게 대답을 잘했다고 평가했다. 분명히 동일한 장면을 보았는데, 어떤 사람들은 그 아이가 더 똑똑하다고 평가했고, 어떤 사람은 교육을 제대로 받지 못한 것 같다고 평가했다. 아이의 환경에 대한 사전 지각이 평가에 영향을 미친 것이다. 우리가 가지고 있는 사회·경제적인 환경에 대한 고정관념이 아동을 평가하는 데 편견으로 작용한 셈이다.

개인적인 선호를 단지 선호라고 생각하지 않고, 객관적인 판단에까지 개입시킬 때 그것은 편견이 된다. 자신의 지난 경험 데이터를 근거로 해, 함께 일할 때 배제하고 싶은 특정 지역이나 학교 혹은 성별을 공공연하게 언급하는 사람을 종종 본다. 이러한 편견이 개입되면 그에 맞는 것들을 선택적으로 가려듣기 쉬워지고 결과적으로 서로 전하려는 것이 왜곡될 수 있다. 누구에게나 고정관념은 있기 때문에 그에 따른 편견과 선입견을 아예 배제하는 일은 매우 어렵다. 다만 혹시 편견에 치우쳐서 내가 듣고 싶어 하는 정보만을 골라 듣고 있지는 않은지, 내가 보고 싶지 않은 모

습은 간과하고 있지는 않은지 스스로 돌이켜보려는 노력이 필요
하다.

마음의 기준을 유연하게 하라

우리는 마음속에 해야 할 것과 하지 말아야 할 것에 대한 원칙들
을 지니고 있다. 그것은 내 역할에서 지켜야 할 윤리일 수도 있
고, 인간의 기본적인 도리일 수 있으며, 지향하는 이상적 기준일
수도 있다. 누구나 기준은 있으나 완고하고 촘촘한 정도는 사람
마다 조금씩 다르다.

이제 막 팀장이 된 A팀장은 자존심이 강하고, 깐깐하기로 정평
이 나 있다. 작은 팀이지만 처음 팀장을 맡은 만큼, 보란 듯이 팀
장의 역할을 잘 해내겠다는 각오가 대단히 컸다. 하지만 그의 각
오와 달리 팀장 일은 시작부터 쉽지 않았다. 유독 한 팀원이 지시
마다 꼬박꼬박 말대답을 해서 문제였다.

A팀장은 그의 이러한 행동이 팀원으로서 기본적 태도가 갖추
어지지 않아서라고 생각했다. 한편으로는 자신을 초보 팀장이라
고 무시하는 것은 아닌가 싶어 더욱 자존심이 상했다. 그래서 팀
원이 말대답을 하기 시작하면 마음이 격앙되어 그가 하는 이야

기의 내용은 하나도 귀에 들어 오지 않았다. 결국 주제와 관련 없는 힘겨루기 같은 언쟁이 이어지다 두 사람의 관계는 악화되었다. 회의시간이 되면 두 사람의 관계 때문에 다른 팀원들도 긴장하는 기색이 역력했다.

A팀장은 팀원의 질문을 왜 말대답이라고 느꼈을까? 팀장은 부하 직원이 상사의 지시에 토를 다는 건 말도 안 되는 일이며, 부하 직원은 상사의 의견에 일단 복종해야 한다고 생각했다. 그뿐 아니라 A팀장은 "부하는 항상 상사보다 먼저 출근해야 한다." "한번 지시한 것은 절대로 잊어서는 안 된다." "같은 실수는 절대로 반복하면 안 된다." 등 중시하는 원칙이 많았다.

그러다 문득 A팀장은 자신이 지니고 있는 촘촘한 당위와 원칙들을 다 지킨다는 것은 팀원들에게 부담이 될 수도 있겠다는 생각을 했다. 이상적인 자신의 원칙이 현실적으로 실천하기에는 어려울 수 있겠다고 자각하기 시작하면서 A팀장은 부하 직원들이 어긋나는 행동을 보여도 예전보다 화가 덜 치밀었다. 해야 할 것과 지켜야 할 기준의 수가 줄어들면서 불끈 솟아오르던 분노의 빈도도 조금씩 잦아들었다. 그럴 수도 있다고 생각하면서 팀원들과의 관계는 점차 부드러워졌고, 자신도 편안한 마음으로 팀원들을 대하고 업무도 진행할 수 있었다.

정도의 차이는 있지만 누구나 자신만의 기준을 두고 있다. 그 기준은 버릴 수도 없고, 버려야 하는 것도 아니지만, 지나치게 완고해지면 소통을 저해할 수 있음을 기억하자.

나의 기준은 얼마나 촘촘하고 완고한가?

나의 기준 확인하기

아래 표의 빈칸에 반드시 지켜야 한다고 생각하는 기준을 쓰고, 그것을 중요하게 생각하는 정도(중요도)와 실제 직장생활에서 그 기준이 충족되는 경우(실천도)가 얼마나 되는지 생각해보자.

···▶ 내가 지켜야 하는 기준

기준 내용	중요도 (0~10점)	실천도 (0~10점)
나는 _____ 해야 한다.		
나는 _____ 해서는 안 된다.		
나는 _____ 해야 한다.		
나는 _____ 해서는 안 된다.		
업무는 반드시 _____ 해야 한다.		
업무는 절대로 _____ 해서는 안 된다.		
계		

생각했던 기준을 살펴보았을 때 중요도가 높고 실천도가 낮다면, 그 기준에 대한 자신의 생각이 너무 비현실적인 것은 아닌지 다시 한 번 생각해볼 필요가 있다. 그리고 그 기준이 업무에 어떤 영향을 미치는지도 한번 상상해보자. 가능하다면 다른 사람들의 의견을 들어보고 중요도와 실천도를 생각해본 뒤 서로의 기준에 대해 피드백을 해주는 것이 좋다.

나의 추론에 대한 근거 탐색하기

"하나를 보면 열을 안다.""집에서 새는 바가지 밖에서도 샌다." 라는 속담이 있듯이 사람들은 상대방의 몇 가지 행동을 보고 그 사람을 추측하거나, 약간의 단점을 보고 본성을 부정적이거나 긍정적이라고 단정짓는 경향이 있다. 당신은 상대방의 성격을 어떻게 추론하는지 다음을 통해 한번 되짚어보자.

다음 예시의 첫 번째 빈 칸에는 구체적인 행동을, 두 번째 빈 칸에는 행동으로 추론되는 그 사람의 특성을 적어보자.

- (구체적 행동) 사람은 ____(추론 결과)____ 이다.
- 술을 잘 먹는 사람은 업무에도 적극적 이다.
- _____ 사람은 _____ 이다.

누구나 자신만의 기준을 두고 있다.
그 기준은 버릴 수도 없고, 버려야 하는 것도 아니지만,
지나치게 완고해지면 소통을 저해할 수 있음을 기억하자.

이때 추론의 논리성을 따지기보다는 그것이 항상 옳지 않을 수 있다고 기억하는 것이 중요하다. 예외 없는 규칙은 없다. 지금까지는 매우 정확한 기준이더라도, 앞으로는 그렇지 않을 수도 있다는 가능성을 항상 열어두어야 한다.

익숙함과 불편함의 적당한 균형

마음으로 소통하는 관계를 이루어가려면 내가 어떤 사람이고, 어떤 성격을 가진 사람을 선호하거나 불편해하는지에 대한 자각이 필요하다. 자신의 선호를 모르면 편향된 관계를 맺으면서도 그것을 인식하지 못할 수 있기 때문이다.

사람은 누구나 편한 것을 좋아하고 추구한다. 인간관계도 마찬가지다. 더 마음이 가고 편안하게 느껴지는 사람이 있다. 기왕이면 일하기 편한 사람과 함께 일하고 싶은 것은 인지상정이다. 하지만 사회생활을 하면 선호하는 사람들만 선택해서 만날 수 없다. 그런데도 편안함만을 추구한다면 자연스럽게 관계는 한쪽으로 치우치게 된다. 이러한 관계는 안전하고 익숙할 수는 있으나 변화와 성장에는 도움이 되지 않을 수 있다. 예컨대 조직에서 성과를 만들어내고 주어진 책임을 다하려면 익숙하지 않은 불편한 관계에서도 원활한 소통이 이루어지도록 해야 한다.

단 것은 달콤해서 기분을 좋게 만들어주고 좋은 에너지를 주지만, 지나친 당분은 비만을 부추기고, 다른 영양소의 섭취를 방해하며, 성장호르몬의 분비를 감소시킨다. 마찬가지로 내가 선호하는 사람과의 관계만 추구해서 일하기 편한 사람만 곁에 두어 균형을 잃을 수 있고, 다양한 관점을 받아들이지 못해 변화와 성장에 둔감해질 수 있다.

예전에 한 50대 임원한테서 나이 들면서 가장 경계해야 할 것에 대해 들은 적이 있다. "누구나 편한 것을 좋아하지만 이러한 태도를 가장 경계해야 합니다. 나이가 들수록 편한 사람만 곁에 두려고 하는데, 그렇게 되면 발전이 없습니다."

"아버지는 저를 부하 직원 대하듯 해요. 부하에게 지시하는 것처럼 명령하고, 문제점을 지적해요. 회사에서는 아버지 말씀을 무조건 따르겠지만, 저는 부하 직원이 아니라 자식이란 말이에요." 상황에 관계없이 동일한 방식과 태도를 고집하는 것은 종종 갈등을 만들어낸다. 신뢰·공감·경청과 같은 기본적인 원칙은 다를 수 없겠지만, 대상의 연령이나 상황, 그리고 역할을 고려한다면 소통은 좀더 효과적일 수 있다.

··· 4장 ···

상황에 따라 적합한
소통 방식은 따로 있다

상하관계,
어떻게 소통할 것인가?

• • •

부하 직원에게 상사와의 소통은 자신의 능력과 성과를 인정받기 위해 필수이
며, 마찬가지로 상사에게 부하 직원과의 소통은 리더십을 평가하는 중요한 척
도라는 점에서 중요하다.

회사생활에서 자신의 능력과 성과를 인정받기 위해서는 상사와
의 소통이 필요하다. 마찬가지로 부하에게 업무 동기를 부여하
고, 여러 직원을 이끌어서 성과를 창출해내기 위해서 상사에게도
소통은 필수적인 요소다. 이처럼 소통은 상사나 부하 직원 모두
에게 중요한 요소인데, 대부분의 경우 구성원의 소통하는 분위기
를 형성하는 데는 부하보다는 상사의 역할이 크다. 상사가 권한
과 책임을 더 많이 가지기 때문이다.

부하의 신뢰를 얻어라

구성원이 자발적으로 마음을 열고 소통하려는 분위기를 형성하려면 먼저 신뢰를 얻어야 한다. 다음과 같은 태도는 신뢰감을 형성하는 데 필수다.

첫째, 일관적 태도를 유지해야 한다. 조직을 운영하는 데는 객관적인 원칙이 있어야 한다. 이 원칙은 상사라고 해도 예외 없이 따라야 하고, 간혹 예외가 필요한 경우에는 구성원 모두가 납득할 수 있는 이유가 있어야 한다. 원칙이 수시로 변하는 환경에서 구성원은 상사를 신뢰할 수 없으며, 자신의 행동을 어떻게 조절해야 하는지 혼란스러워진다.

둘째, 실수를 일반화하지 않으며, 비약 없이 합리적이고 타당한 수준으로 비판이 이루어져야 한다. 여러 구성원과 함께 일하다 보면 마음이 맞지 않을 때도 있다. 누군가 실수를 할 때도 있고, 내 생각이랑 다른 주장과 부딪힐 때도 있다. 의도하든 하지 않았든 약간의 실수를 두고 상사가 권한을 내세워 과도하게 팀원을 나무란다면, 이후 상사의 피드백은 그 내용보다는 감정적인 것으로 여겨져서 신뢰를 얻기 어렵다.

셋째, 감정 기복이 심하지 않도록 정서적 안정 상태를 유지해야 한다. 지나치게 민감하거나 까다로운 감정을 가진 사람들이 있다. 감정을 표현하는 것은 중요하지만 기분에 따라 차이가 크면 주위 사람들은 긴장감을 풀기 어렵다. 상사의 감정 기복이 심하면 반응을 예상할 수 없어 구성원도 불안해지고 저마다의 의견을 제대로 표현하기 어렵다.

주인의식을 심어주어라

구성원이 주어진 업무를 자신들과는 무관한 일이라고 생각하고, 그저 지시받은 일만 한다면 자발적인 동기나 책임감이 저하되고 소극적으로 소통하게 된다. 반면에 자신에게 주어진 일에 책임감을 가지고 그 성과에 대한 주인의식을 지니면 소통에서도 적극적이 될 것이다.

구성원들의 주인의식을 북돋우기 위해서는 그들이 업무를 실행해서 조직에 기여하는 바가 무엇인지 각자 지각하도록 해야한다. 개개인의 업무가 전체 업무에서 어떤 역할을 하는지, 얼마나 필요한지를 인식할 수 있도록 도와야 한다. 이는 업무의 전체 방향을 공개하고 설명해줄 때 가능하다.

전체적인 소통 분위기를 촉진하기 위해서 좀더 관심을 기울여야 할 구성원은 눈에 덜 띄는 업무를 맡는 직원이다. 모든 구성원이 주도적이고 성과가 눈에 띄는 역할을 할 수 없으므로 어쩔 수 없이 주도적 역할과 보조적 역할로 나누어진다. 큰 다리도 작은 나사 하나 없이는 완성될 수 없듯이 업무가 원활히 수행되려면 상대적으로 작은 역할을 맡은 구성원의 동기 수준을 유지하는 데 관심을 기울여야 한다. 본인 업무에 대한 상사의 인정과 관심은 구성원의 동기 수준을 유지하는 데 중요한 부분이다.

각 상황과 대상에 맞게 역할을 수행하라

상사는 직위를 맡게 되면 동시에 여러 가지 역할을 수행해야 한다. 업무를 지시하고 수행을 평가하는 관리자, 갈등을 조정하는 중재자, 신입사원이 조직에 잘 적응할 수 있도록 도와주는 멘토, 그리고 구성원의 잠재력을 개발하는 코치도 된다. 이러한 역할들은 비슷하기도 하지만 약간씩 차이가 있다. 상황에 맞는 역할에 유연하게 대처할 수 있다면 구성원과 효과적으로 소통하게 될 것이다.

먼저 현재 처한 상황과 대상을 보고 필요한 역할이 무엇인지를 파악한다. 대상의 업무 경험과 능력 및 성향에 따라 역할이 다를 수 있고, 대상이 같아도 처한 문제에 따라 달라질 수 있다. 예를 들어 업무 경험이 풍부한 구성원이라면 일하다 부딪힌 문제의 해결책은 그가 더 잘 알 수 있다. 이 경우에 필요한 상사의 역할은 그가 생각을 더 명료하게 할 수 있도록 이끌어주는 것이다.

만약 동료와의 껄끄러운 관계로 고민하는 직원이 있다면 그의 고민에 대해 공감을 표현하는 것이 좋다. 신입사원이 업무를 수행하는 와중에 난관에 부딪혔다면 상사는 신입사원이 생각하는 해결책을 듣는 것보다 조언과 지시하는 일에 더 비중을 두어야 한다.

구성원을 인격체로서 존중하고 관심을 표현하라

일은 사람이 하는 활동이다. 이는 당연하고 중요한 사실인데도, 종종 이를 간과하며 사람보다 일을 더 중요하게 여기는 경우가 있다.

어떤 상사는 일하고 싶은 사람은 얼마든지 있다면서 역할을 제대로 수행하지 못하면 자리가 위태로울 거라고 말하며 팀원들에게 위기감을 준다. 이런 말을 들은 팀원들은 자신이 언제든지 대체 가능한 부속품이나 일만 하는 기계로 취급받는다고 느낄 것이다. 기계는 자발적으로 일하지 못하며, 오로지 누군가 스

위치를 눌러주어야 가동할 뿐이다. 이렇듯 구성원을 조직의 부속품처럼 여기게 되면 당면한 업무에는 성과를 낼 수 있을지 몰라도, 구성원의 자발성을 저하시켜서 장기적으로는 인적자원 관리에 실패한 셈이 된다.

구성원 개개인이 적극적으로 소통하려는 분위기를 촉진하려면 각각의 팀원이 모두 소중한 자산이라는 사실을 기억하고, 그들이 한 개인으로서 존중받는다고 느끼도록 해야 한다. 구성원을 향한 관심의 표현은 존중받는다는 느낌을 전달하는 데 도움이 된다. 구성원에게 가질 수 있는 관심은 크게 2가지로 구분할 수 있다.

첫째, 직장생활 이외의 개인적인 부분에 대한 관심이다. 사생활에 대한 관심이 지나치면 간섭이지만, 경조사는 물론이고 생일과 같은 기념일 정도는 기억하고 축하해주는 것이 좋다. 개인적인 부분에 두는 관심은 일관되어야 하며, 도를 넘지 않아야 한다. 관계 중심적인 사람은 개인적 관심에 수용적 자세를 보이지만, 업무 중심적인 사람은 일정한 정도를 넘어서면 오히려 반감을 품기 때문이다.

둘째, 구성원의 경력 관리에 대한 관심이다. 직장 내 인간관계인만큼 개인적인 관심보다 경력 관리에 대한 관심을 더 비중 있게 두는 것이 합당하다. 대부분 업무를 통해 자신에게 어떤 발전

소통하려는 분위기를 촉진하려면 각각의 팀원이
모두 소중한 자산이라는 사실을 기억하고,
그들이 한 개인으로서 존중받는다고 느끼도록 해야 한다.

이 있을지에 대한 확신이 없을 때 이직을 꿈꾸거나 업무에 대한 자발성을 잃어버린다. 상사가 이런 점을 이해하고, 구성원의 경력 관리에 대해 지속해서 관심을 표현한다면 부속품이 아니라 소중한 자원으로 존중받는다고 느낄 수 있다.

장기적인 경력 목표를 세우고 그 과정을 관리하는 것은 당연히 개인의 몫이지만, 개인적 목표가 있더라도 조직 안에서 단기적으로 성취할 목표나 바라는 희망은 상사에게서 얻는 경우가 많다. 이는 상사이기 전에 선배로서 조직 전체의 업무를 조망할 수 있는 능력, 경력 계획에서 좀더 객관적인 시각을 지녔다고 생각하기 때문이다. 상사가 그의 경험과 연륜에 기반을 둔 넓은 시각을 공유하는 것 자체가 부하에게는 비전을 세우는 데 도움이 된다.

팀원의 경력 관리에 관심을 두는 3가지 방법

구성원의 경력 관리에 도움을 주는 3가지 방법이 있다. 다음을 통해 구체적으로 살펴보자.

첫째, 정보를 공유한다. 관리자 회의에서 나온 정보 중에서 필요한 정보를 팀원과 공유한다. 상사가 지식이나 경영 흐름을 독식한다고 해서 권위가 있어 보이지는 않는다. 권위는 움켜쥔다고 생기는 것이 아니라 타인에 의해 세워진다는 사실을 다시 한 번 기억하자.

둘째, 다른 팀과의 교류 기회를 넓힌다. 구성원들이 좀더 넓은 안목을 키울 수 있도록 관련 있는 다른 팀과 교류할 기회를 만든다. 이를 통해 팀원 간의 업무에 관한 정보 교류를 활발히 할 수 있도록 방안을 세울 수 있고, 팀 전체의 목표에 대해 팀원들이 다시 한 번 인식해서 장기적인 목표를 세울 수도 있다.

셋째, 각 구성원의 이력을 기억하고, 구성원의 경력 계획에 대해 정기적으로 이야기하는 시간을 가진다. 학교에서 무엇을 배웠고, 입사 후에 어떤 업무를 수행했으며, 어떤 업무에 관심 있는지 등을 알아야 그들의 비전에 대해 효과적으로 조언을 해줄 수 있다.

경력 계획을 들은 후에 실질적으로 도와줄 바가 없을 것이라고 생각해 아예 이야기를 나누는 것조차 꺼려하는 사람도 있다. 하지만 당장 도움을 줄 수 없더라도 관심을 기울이고 계획을 공유하는 것이 좋다. 이는 상호 간 소통과 이해를 촉진시키는 과정이며, 이 과정을 통해 언젠가 찾아올 기회를 미리 준비하도록 도울 수 있기 때문이다.

상사의 역할에 따른 팀원의 행동 이끌어가기

관리자 역할

• 팀장으로서 가장 일반적인 역할이다.

• 업무와 관련해 합리적이고 논리적인 설명과 조언을 한다.

• 문제 해결을 위한 여러 가지 대안을 팀원에게 제안한다.

코치 역할

• 경험과 능력이 충분한 팀원이 발전을 위한 조언이 필요할 때의 역할이다.

• 팀원의 능력과 판단을 존중하며, 질문을 통해 팀원이 상황을 정확히 인식할 수 있도록 돕는다.

• 팀원이 고려하는 여러 대안 중에서 장단점을 나누어 생각해보도록 돕는다.

상담자 또는 중재자 역할

• 개인적 영역이나 인간관계 등 대부분 업무 이외의 문제에 대한 조언이 필요할 때의 역할이다.

• 공감을 충분히 나타내고, 개방적 질문을 하며 적극적으로 경청한다.

남자와 여자,
어떻게 소통할 것인가?

· · ·

남성과 여성은 의사소통 방식에 차이가 있다고 알려져 있다. 남성은 목적 지향적이고 문제 해결을 위한 대화를 추구하는 반면에, 여성은 관계 지향적이고 공감을 이끌어내는 대화를 추구한다.

남녀 간의 소통은 반드시 연애관계에서만 화두가 되는 것은 아니다. 업무 관계에서도 성별에 따른 소통 방식의 차이로 의도하지 않은 갈등이 발생하기도 한다. 특히 한쪽 성이 소수일 때 다수를 차지하는 입장에서는 서로 다른 소통 방식이나 관계 방식이 익숙하지 않고 불편하게 느껴지기도 한다. 성별에 대한 고정관념이나 업무 이외의 다른 장면에서 익숙해진 습관에 따라 행동함으로써 서로 의도하지 않은 오해를 불러일으키기도 한다.

성별에 대한 고정관념 지양하기

성별에 대한 고정관념은 소통을 저해한다. 고정관념이 소통을 저해하는 방식은 크게 2가지 유형이 있다고 본다. 하나는 남자와 여자는 근본적으로 다르다고 생각해 여성은 남성과 다르게 대해야 한다고 생각하는 사람들이다. 따라서 여성과 관련된 여러 가지 고정관념에 근거해 여성을 대한다.

또 다른 유형은 첫 번째 유형과는 반대로 남자와 여자는 무조건 똑같다고 보고, 여성도 남성과 똑같이 행동해야 한다고 생각하는 사람들이다. 이들은 남자 직원을 대하는 것과 똑같이 여자 직원을 대하는 것이 평등이라고 믿어 남자들 간에 익숙한 거친 말투나 야한 농담도 쉽게 여자 직원들에게 건네고, 지쳐 쓰러질 때까지 음주가무를 즐기자고도 한다.

남녀가 동일해야 한다는 주장이 얼핏 이상적인 기준처럼 보일 수 있지만, 그 기준이 전형적인 남성의 행동에 맞추어져 있다는 것이 문제다. 이런 관점에서 여성 구성원은 남성 구성원과 어떤 면에서든지 똑같다는 것을 증명해야 평등한 대우를 받을 것 같은 압빅김을 느낄 수 있다.

위의 2가지 유형 모두 성별에 대해 경직된 시각이 있기에 유연한 소통에는 부정적 영향을 끼칠 수 있다. 근본적으로 남자와 여

남녀가 동일해야 한다는 주장이
얼핏 이상적인 기준처럼 보일 수 있지만, 그 기준이
전형적인 남성의 행동에 맞추어져 있다는 것이 문제다.

자는 다르다. 남녀가 평등하다는 말은 똑같다는 뜻이 아니다.

남녀의 성별 차이에 대한 연구 결과나 자료는 여러 가지 주제별로 많이 알려져 있다. 모든 연구는 많은 남녀를 놓고 평균을 논하는 것이다. 즉 모든 남성이 여성보다 뛰어난 공간지각력을 지닌 것은 아니고, 모든 여성이 남성보다 우세한 언어능력을 지닌 것은 아니다. 남녀 차이에 대한 경직된 시각은 몇 가지 고정관념을 만든다.

우선 다음 문장들을 읽어 보자.

- 여성이 더 섬세하다.
- 여성이 더 부드럽다.
- 여자의 적은 여자다.
- 여성이 더 깔끔하다.
- 여성은 개인주의적이라 단합이 안 된다.

아마도 당신은 전부 또는 몇 개의 문장을 읽으면서 고개를 끄덕였을 것이다. 당신과 일하는 여자 팀원이 위와 같은 특성이 있을 수도 있고, 그렇지 않을 수도 있다. 반대로 당신과 일하는 남성이 더 섬세하고, 부드럽고, 개인주의적일 수 있다. 성염색체로 정해진 성별만으로 성격의 유형을 규정할 수는 없다.

눈물은 반응 중 하나일 뿐이다

여성과의 소통이 불편하다고 호소하는 이유 중 하나는 부정적인 피드백이나 언급을 하기가 쉽지 않다는 것이다. 혹시 울기라도 하면 난처해지기 때문에 충고하거나 지적하기가 겁난다고 입을 모아 이야기하고는 한다.

이런 두려움은 여성이 실수를 하더라도 최대한 부드럽게 표현하는데 초점을 맞추게 해 정작 하고 싶은 말을 제대로 못하게 한다. 이렇게 되면 소통은 모호해져버린다. 그러면 결국 문제는 해결점을 찾지 못해 반복되고, 그다음부터는 아예 표현하지 않거나 업무를 맡길 때도 위험성이 없고 발전성도 낮은 업무만 가려주는 결과를 낳는다.

상사에게서 받는 업무 피드백이 모호하고, 업무 위험성과 함께 발전 가능성도 낮은 업무를 반복적으로 부여받는다면, 여성의 입장에서는 능력을 보여줄 기회를 얻지 못하니 남성 구성원에 비해 차별을 받는다는 느낌이 들 것이다. 그러면 조직에 대한 불만이 생길 수도 있다.

여성을 울려서는 안 된다는 생각은 부하나 동료에 앞서서 여성으로 지각하기 때문에 생기는 부담감일 수 있다. 물론 피드백을 가장해 비난하거나 감정적으로 반응하는 것은 경계해야 하지만, 당신이 정당하게 지적했다고 생각한다면 여자의 눈물은 그저 반응 중 하나라고 생각하는 태도가 필요하다. 남성은 지적을 받고 눈물을 보이는 일이 거의 없지만 여성은 눈물을 흘릴 수도 있는 것이다. 이는 남녀의 차이지, 회사에서 여성의 열등함을 나타내는 것은 아니다.

여성 부하 혹은 동료가 대화중에 갑자기 눈물을 흘린다면 상대의 감정이 가라앉을 때까지 잠시 기다려줄 필요가 있다. 누구라도 눈물을 흘리면서 자기 생각을 차분하게 표현할 수 없다. 당신이 기억해야 할 것은 그녀의 눈물을 두려워하거나 죄책감을 가질 필요는 없다는 것이다. 그녀는 눈물로 당신의 마음을 붙들려고 하는 애인이 아니라는 사실을 기억하자.

여자 팀원은 아내도 아니고 딸도 아니다

여성 신입사원을 소개할 때 선배들이 종종 "동생이라고 생각하고 편하게 대하게."라고 말한다. 가족은 소중하고 편안하고 익숙하다. 이와 같이 팀원을 가족처럼 대하겠다는 말은 가족처럼 소중하고 편안하게 대하겠다는 의미일 것이다. 그런데 간혹 너무 편하게 생각해 지켜야 할 경계를 넘어설 때가 있다.

팀장이 자신을 무시한다고 불만이던 여자 팀원이 있었다. 팀장이 자신의 귀가 시간을 체크하고, 애인을 만나는 일 등에 간섭하며, 마치 여동생을 대하듯이 이것저것 세세하게 잔소리를 한다는 것이었다. 아무리 걱정하는 마음에서 우러나온 것이라도 상사가 하는 간섭이 달가울 리 없었다.

기혼 여자 팀원이 느끼는 주요 스트레스의 원인 중 하나는 남편과 아이들을 걱정해주는 팀장이다. 예를 들어 "남편이 출장 가도 된다고 하나?" "이렇게 늦게 들어가면 애는 누가 봐주나?" "신혼인데 남편한테 저녁 안 챙겨줘? 나는 신혼일 때 부인이 나보다 늦게 들어오면 화나던데."와 같은 걱정들이다.

팀원을 가족처럼, 팀원의 가족도 자신의 가족처럼 생각해서 나오는 걱정이라면 처음 한두 번은 감사할 일이다. 하지만 그런 식으로 반복해서 이야기한다면 사생활을 침해한다고 상대방이 느낄 수 있다.

가족처럼 생각하는 것은 그만큼 서로를 배려하고 존중하라는 뜻이지, 가족처럼 사적인 영역에 개입해도 된다는 뜻은 아니다. 여성 동료 혹은 후배에게 아내한테 바라던 바를 요구하고 있지 않은지, 혹은 딸이나 동생에게 할 잔소리를 하고 있지 않은지 돌이켜 생각해볼 일이다.

남자와 여자, 의사소통 방식의 차이

연구에 따르면 전반적으로 남성과 여성은 의사소통 방식이 다르다고 알려져 있다. 남성은 목적 지향적이라 문제 해결을 위한 대화를 추구하는 반면에, 여성은 관계 지향적이라서 공감을 이끌어내는 대화를 추구한다고 한다.

"영애 씨는 똑똑하고 야무진 것 같지만 자신감이 좀 부족합니다. 보고할 때마다 본인이 결정을 내리지 못하고 자꾸 물어봐요. 야무지게 근거를 조사했으면 본인의 생각을 분명하게 이야기하면 좋겠는데, 저에게 '어떻게 하면 좋을까요?'라고 매번 확인을 합니다. 처음에는 신중한 태도가 좋게 보였는데, 업무에 충분히 익숙해졌을 지금도 그러니 답답합니다."

이러한 팀장의 반응에 영애 씨의 생각은 조금 다르다.

"팀장님은 업무에 대한 피드백을 제대로 해주지 않아서 답답합니다. 저는 제 의견이 있어도 상사인 팀장님의 의견을 존중해야 한다고 생각해서 항상 여쭤보고 확인하려는데, 팀장님은 귀찮아하시는 것 같아요. 팀장으로서 팀원의 업무에 관심을 가지고, 본인의 의견을 나누고 피드백을 해주시는 것이 합당하다고 생각하는데, 말을 중간에 잘라버리니 무시당하는 기분까지 듭니다."

영애 씨가 기대하는 소통 방식은 업무에 대한 의견을 나누고,

피드백을 전달받는 과정을 통해 상호 존중을 표현하고 업무에 대한 다양한 생각을 공유하는 것이다. 그녀 관점에서는 좀더 좋은 해결책을 모색하기 위해서는 의견을 공유하고 피드백을 주고받는 과정이 필요하다고 생각하는 것이다. 그녀가 "어떻게 할까요?"라고 묻는 것은 잘 알지 못하거나 본인의 의견에 대해서 확신하지 못해서가 아니라, 결정 과정에 상대방도 참여하게 해서 협력적인 관계를 만들고자 하기 때문이다.

그에 비해서 팀장의 소통 방식은 의사결정에 필요한 정보를 확인하고 신속하게 해결책을 모색하는 것이 목적이다. 의견을 나누고 그 과정을 공유하는 것은 해결책을 도출하기 위한 과정일 뿐이므로, 과정을 간략하게 줄일수록 효율적이다. 그의 관점에서 영애 씨의 질문은 가능하면 줄여가야 하는 사족에 불과하다.

이러한 두 사람의 소통 방식이 서로 만나게 되면 위와 같은 오해가 발생할 수 있다. 영애 씨가 보기에 팀장은 자신의 이야기에 관심을 두지 않고 귀찮아하는 것 같고, 팀장이 보기에 영애 씨는 불필요한 질문을 반복하면서 시간을 낭비하고 업무에 자신감이 부족하며 주도적이지 못하다.

일반적으로 여성 직원은 상사와의 대화가 항상 부족하다고 생각하고, 남성 직원은 상사와의 대화가 충분하다고 생각한다. 이는 대화가 남녀에게 의미하는 바가 다르기 때문에 발생하는 견

소통 방식을 상황과 관계없이 고집하고 있는 것은 아닌지
돌이켜보고, 상황에 맞게 적절하게 소통 방식을 조절해간다면
불필요한 오해의 발생을 피해갈 수 있을 것이다.

해의 차이다. 남성은 주로 문제가 발생해야 대화를 하고, 여성은 대화가 있어야 문제가 발생하지 않는다고 생각한다. 반드시 남녀나 성별의 차이가 아니더라도 문제 해결을 추구하는 대화인지, 관계를 지향하는 대화인지에 따라서 위와 같은 오해는 종종 일어날 수 있다.

의도하지 않은 오해를 예방하고 소통을 촉진하기 위해서 2가지 기준을 기억해두면 된다.

첫째, 자신이 선호하는 방식이 무엇인가에 대해 자각하고, 그것에 대해 상대방이 어떻게 반응하는지를 관찰하는 것이다. 자신의 방식과 상대방의 반응을 인식하게 되면 그것이 적합하게 받아들여지고 있는가를 판단할 수 있다. 만일 의도하지 않은 반응이나 방향으로 소통이 이루어지고 있다면 자신의 방식을 조절하려는 노력이 필요하다.

둘째, 주어진 상황에 자신의 소통 방식이 적절한가에 대해 검토해보는 것이다. 상황이나 두 사람의 관계에 따라서 협력적이고 경험을 공유하는 소통 방식이 중요할 수도 있고, 문제 해결 지향적이고 간결한 소통 방식이 적합할 수도 있다. 자신에게 익숙한 소통 방식을 상황과 관계 없이 고집하고 있는 것은 아닌지 돌이켜보고, 상황에 맞게 적절히 소통 방식을 조절해간다면 불필요한 오해가 발생하는 일은 피해갈 수 있을 것이다.

세대 차이,
어떻게 소통할 것인가?

· · ·

의사소통을 할 때는 서로 성장해온 문화적 배경이 다르다는 사실을 인정하고
존중해야 한다. 세대 차이 때문에 생긴 거리감을 줄여 나가려면 공통점을 찾아
가야 한다.

여러 설문조사에 따르면, 직장 내에서 세대 차이를 가장 크게 느
끼는 부분은 의사소통이라고 한다. 젊은 세대 입장에서는 또래들
과 이야기할 때는 쉽게 공감을 얻고 이해를 얻던 소통 방식이 직
장에 들어와 선배 혹은 상사와 교류하면서 예기치 않은 오해를
만들어내기도 한다. 심지어 문제라고 취급되어 당황스럽다. 다음
의 내용은 예상하지 못한 반응으로 당황스러운 각 세대의 입장
에서 들어본 이야기다.

"회사에 들어온 지 6개월이 지났는데 상사나 선배와 코드 맞추

는 게 쉽지 않습니다. 선배들이 권위적이라서 직급으로 아랫사람을 무조건 누르려고만 하니까 말이 통하지 않습니다. 제가 비효율적인 부분에 대해서 개선 의견을 냈는데 들어보려고 하지도 않았어요. 그저 업무에 대해 전반적으로 제 의견을 솔직하게 말씀을 드리는 건데 업무를 받을 때의 태도가 좋지 않다고도 합니다. 저의 열정을 불만으로 보시는 것 같아 답답합니다."

"요즘 사원들은 부족한 것 없이 자란 세대라 그런지 자기중심적인 경향이 있는 것 같습니다. 선배가 이야기하면 받아들이고 따라야 하는데, 본인 생각과 다르면 따지고 들어요. 우리 때보다 스펙이 훌륭하고 똑똑하다는 건 알겠지만, 지금까지 해온 처리방식에는 그만한 이유가 있는건데 잘 알지도 못하면서 대드는 게 언짢습니다. 제가 사원 시절에는 선배한테 감히 대들지 못했는데 참 세상이 많이 바뀐 것 같습니다."

고민의 대부분은 표현 방식과 관련 있다

세대 차이로 발생하는 의사소통의 어려움은 주로 표현 방식과 관련 있다. 기존 세대의 입장에서 의견을 표현하는 바람직한 행동은 본인들이 그 시절에 했던 방식이 기준이 된다. 따라서 젊은 후배들이 예상과는 다르게 행동을 하면 그 행동을 문제 행동으로 취급하는 것이다. 만일 행동에 대해 지적했는데도 수정 없이 문제 행동을 반복한다면 자신들에 대한 반감이나 공격으로 받아들이기도 한다. 하지만 젊은 세대의 입장에서는 솔직하고 직설적인 표현은 자연스러운 것일 수 있다. 나에게는, 그리고 내 주변에서는 자연스럽고 당연해서 의문의 여지가 없던 행동과 표현 방식이니 말이다.

한편에서는 권위와 독선으로, 다른 한편에서는 자기중심적이고 대드는 행동으로, 각각 의도하지 않은 방식으로 이해될 때 기존 세대와 젊은 세대 모두 당황스러울 수밖에 없다. 그 당황스러움을 어떻게 해석하고 받아들이는가에 따라서 감정적인 갈등으로 이어질 수도 있고, 새로운 활기를 만들어내는 원동력이 될 수도 있다.

우선 서로 성장해온 문화적 배경에 차이가 있다고 인정하며 존중해야 한다. 같은 나라에서 같은 언어를 사용하지만 사회는 빠르게 변화했고, 의식과 가치관의 차이가 생기는 것은 당연한 일이다. 지금은 당연한 것이 선배 시대에는 그렇지 않았고, 내가 젊었던 시기에는 상식적이라고 여겨졌던 행동이 지금은 그렇지 않을 수 있다. 우리는 종종 '상식'이 통하지 않는다고 답답해하지만, '상식'의 상당 부분은 그 시대를 살아온 사람들이 공유하는 가치관을 반영했다는 사실을 기억해야 한다. 세대 차이는 옳고 그름의 문제로 판단할 대상이 아니라 몸에 배어 자연스러운 문화라고 인정하며, 그 나름대로의 방식을 존중하려는 태도를 선행해야 한다.

둘째, 차이로 인한 거리감을 줄여가기 위해서는 공통점을 찾아가는 것이 도움이 된다. A부장은 중학생 자녀를 이해할 수 없다는 자신의 고민에 팀의 막내인 B사원이 요즘 아이들은 정말 이해하기 어렵다며 맞장구를 쳐주어서 B사원과 마치 같은 세대가 된 것 같은 동질감을 느꼈다고 한다. 좀더 넓은 관점에서 지금 직장에서 겪는 연령 차이는 크지 않을 수 있다. 게다가 비록 의사표현방식은 달라도, 동일한 회사를 선택하고 같은 업무를 하고 있다면 공통적인 가치관을 찾는 것은 어렵지 않다. 업무를 처리하는 방식은 비슷할 수 있고, 개인적인 취향이 유사할 수도 있다. 공통점을 발견하게 되면 친밀감은 증가하고, 상호 간 차이를 이해하기 위한 마음이 쉽게 열린다.

끝으로 서로 다른 가치관과 관점이 학습의 기회일 수 있다고 인식한다. 다른 사고 방식과 표현 방식이 가지는 강점을 인식하고 상호 보완의 기회로 삼는다면, 개인적인 성장의 기회일 뿐 아니라 팀의 업무 경쟁력도 향상될 것이다.

소통이 까다로운 유형과는
이렇게 소통하자

. . .

소통은 모호한 수준이 아니라 구체적으로 이루어져야 좋다. 불필요한 감정적 반응을 배제시키고 소통에 도움이 되는 내용에 집중하는 것이 까다로운 유형과 소통할 때 중요하다.

개인의 특성에 따라 더 잘 맞는 사람도 있고 그렇지 않은 사람도 있다. 그런데 유독 주파수를 맞추고 교류를 이어나가는 것이 매끄럽지 않은 사람을 만날 때가 있다. 사적인 관계라면 피하면 그만이지만, 업무상 관계에서는 마냥 피할 수 없는 일이다. 만약 관리자 혹은 선배라면 피하기보다는 소통을 풀어가야 하는 책임을 더 크게 느끼게 된다.

불평불만이 많은 투덜형

어디를 가든 시작도 하기 전에 꼭 초를 치는 사람이 있다. 직장에서도 마찬가지다. 동료가 하는 업무를 보고 "해봐야 성과도 없는 걸 왜 하고 있어요?"라고 말하거나, 일을 하면서도 "이런 걸 왜 해서 사람을 피곤하게 하는 거야."라고 투덜거린다. 그런 사람 곁에 있는 동료는 의욕도 떨어지고, 하고 있던 일의 가치도 평가절하된다고 느낀다.

A는 늘 표정이 뚱하다. 이야기를 해도 좋다거나 싫다는 반응이 별로 없고 말수도 적고, 가끔 대화를 하면 냉소적인 태도를 보인다. 맡은 업무에서 큰 실수를 하거나 두드러진 문제가 없어 팀 내에서 딱히 평판도 나쁘지 않다. 그런데 회의중에 한마디씩 툭툭 던지는 말에서 상대방에 대한 반대 의견이 있는 것처럼 느껴져 신경에 거슬리고 불편하다.

B는 날카롭고 비판적인 면이 있는 것 같다. 남들은 당연하게 넘길 만한 일도 그에게만 가면 무언가 문제점이 발견된다. 그의 이러한 비판적인 태도는 타성에 젖지 않도록 환기하기도 한다. 그런데 문제는 그 비판이 종종 전반적 분위기를 흐린다는 것이다. 신입사원이 나름대로 열심히 쓴 보고서를 보고 "그게 왜 꼭 그렇다고 생각하지?" "그게 어떤 성과를 가져올 수 있겠어?"라

다른 사고 방식과 표현 방식이 가지는 강점을 인식하고,
상호 보완의 기회로 삼는다면, 개인적인 성장의
기회일 뿐 아니라 팀의 업무 경쟁력도 향상될 것이다

고 캐묻는다. 그가 일명 '꽈배기 모드'에 진입하면 그와 일하는 사람들은 맥이 빠지고, 업무는 지연되기 십상이다.

항상 침체되어 있는 우울형

간혹 아무것도 하고 싶지 않을 때가 있다. 말하는 것도 밥 먹는 것도 귀찮고, 그다지 재미있거나 맛있는 것도 없고, 자신도 모르게 멍하니 앉아 있는 시간이 많아진다. 이런 행동들은 마음이 우울할 때 나타난다. 누구나 이런 때가 있지만, 문제는 이런 모습이 지속될 경우 주변과의 소통도 원활하지 않다는 것이다.

　A는 원래 내성적인데 최근에는 더욱 말수가 줄어들었다. 애인과 문제가 있는 것 같아 주변에서는 "조금 시간이 지나면 괜찮아지겠지."라고 생각했지만 A의 침체기는 예상보다 길어지고 있다. 이야기를 해도 반응이 별로 없었는데 표현이 더 줄어들었으니, 예전보다 더욱 답답하게 느껴진다.

　B는 최근 낙담과 실의의 나날을 보내고 있다. 누구보다도 실적이 좋았는데, 실적표가 2개월째 하향 곡선을 그려서 자신감을 완전히 잃어버렸다. 말끝마다 자신을 비하하고, 예전의 유머 감각도 사라졌다.

가까이하기 두려운 공격형

여러 사람이 모이는 직장이다 보니 자연스럽게 다양한 사람을 접하게 된다. 그 중 쉽게 충동적이고 공격적인 행동을 하는 사람도 볼 수 있는데, 분노를 잘 조절하지 못하거나 주사가 심한 사람 등이 이에 해당된다.

A는 행동이 거칠다. 욕도 아무렇지 않게 하고, 친근감의 표시인지 때리는 것인지 잘 구분되지 않는 공격적인 행동도 다반사다. 욱하는 성질이라서 언뜻 듣기에 자신의 의견과 다르다 싶으면 끝까지 들어보지도 않고 거친 언행이 먼저 튀어나온다.

다혈질이라고 소문난 B는 업무중에 다른 팀원과 의견이 맞지 않으면 주변 상황에 개의치 않고 언성을 높여 싸우기도 한다. 한 번은 책상에 있던 작은 화분을 내동댕이쳐 깨뜨려버린 일도 있다. 괜히 그와 언쟁이 붙기라도 할까봐 조심스럽다.

어떻게 소통할 것인가?

소통하기 까다로운 대상은 앞에서 말한 몇 가지 유형만으로 한정할 수는 없다. 개인마다 좀더 대하기 쉬운 유형도 있고, 그 반

대의 경우도 있다. 피할 수 없는 관계라면 다음의 몇 가지 일반적
지침을 따라가며 소통 방식을 다시 한 번 점검해보자.

정서적 거리를 둔다

소통하기 어려운 상대방의 행동이 자신과의 관계에서만 나타나
는 것이 아니라 다른 동료들과의 관계에서도 반복되는 것이라면,
그것은 상대방의 특성일 뿐 나를 향한 것은 아니다. 앞에서 예를
든 것처럼 매사에 투덜거리거나, 침체되어 주변의 이야기에 반응
을 잘 하지 않거나, 사소한 자극에 과도하게 공격적으로 반응한
다면 일반화된 상대방의 특성일 가능성이 더 높다. 그것을 나에
대한 공격으로 해석하게 되면, 감정적으로 반응하게 되어 소통에
필요한 상대방에 대한 수용적인 이해는 어려워진다. 상대방의 문
제 행동에 대해서 적절한 정서적인 거리를 두는 것은 소통하고
자 하는 나의 마음이 닫히지 않도록 도와줄 수 있다.

상대방의 행동을 판단하지 않는다

내가 지닌 도덕적 기준이나 가치관에 따라 상대방의 행동을 평
가하고, 그것이 얼마나 적절한가에 대해서 판단하지 않는다. 도
덕적 판단은 나의 감정을 불러 일으킬 수 있고, 그것은 상대방과
의 소통을 가로막는다. 예컨대 투덜거리는 상대방에 대해서 그

행동이 주변에 얼마나 부정적인 영향을 미치는지, 업무를 대하는 바람직한 태도라는 기준에서 그의 행동이 얼마나 부당한지 등에 대해 생각하면 그에게 잘못을 지적하고자 하는 마음이 앞선다. 하지만 나의 도덕적 기준과 가치관이 적절한가를 알려주려는 것은 결과적으로 상대방이 얼마나 잘못되어 있는가를 증명하려는 방향으로 이어진다. 그렇게 되면 소통은 공격과 방어의 형태로 나타나기 쉽다. 본인의 기준과 가치관이 얼마나 합당한가를 논의하는 것이 소통의 목적이 아니라는 사실을 기억하고, 평가와 판단으로 흐르지 않도록 마음을 다스려야 한다.

자신이 할 수 있는 것에 집중한다

상대방의 태도를 본인이 생각하는 기준에 맞게 적절하고 바람직하게 변화시키는 것은 내가 할 수 있는 영역이 아니다. 그 기준이 사람들 대부분이 동의하고 합당하게 여기며 '정상적'이고 '합리적'이더라도, 개인의 태도를 변화시키는 데 가장 핵심적인 요소는 주변의 판단이 아니라 당사자의 의지다. 당사자의 변화의지를 북돋우는 것이 주어진 관계의 주요 목적인지, 그리고 그것이 과연 당신이 할 수 있는 영역인지에 대해서 생각해보아야 한다. 상대방의 기본 태도를 변화시키는 것에 집중하기보다는 두 사람에게 주어진 과제를 실현하기 위한 소통에서 본인이 할 수 있는 구체적인 영역에 집중하는 것이 원활한 소통을 이끌어내는 데 더 도움이 된다.

구체적인 수준에서 소통한다

소통은 일반화되고 모호한 수준이 아니라 구체적으로 이루어지는 것이 좋다. 예컨대 "당신이 우울하게 앉아 있으니까 회의가 진전이 안 된다.""내가 한 질문에 대해서 몇 분이 지났는데도 대답이 없으니까 다음 진행이 안 된다.""그렇게 공격적으로 행동하지 마라." 등이 아니라 "다른 사람이 말하고 있는 도중에 자리에서 벌떡 일어나지 마라."라고 말한다면 불필요한 감정적인 반응을 배제하고 소통에 도움되는 내용에 집중하게 할 수 있다.

갈등과 차이를
두려워하지 마라

최근 소통이 지나치게 자주 언급되어서 그 단어를 논의하는 것
자체가 진부하게 느껴질 수도 있다. 하지만 소통은 행복을 증진
시키는 데 필수적인 부분이다. 자신의 생각과 마음을 다른 사람
에게 전달하고, 그것이 상대방에게 이해되고 수용되었다고 느낄
때 우리는 마음이 따뜻해지고 행복감을 느끼기 때문이다. 소통하
고자 하는 마음은 결국 스스로 행복해지고자 하는 욕구이고, 그
것이 제대로 충족되지 못하면 좌절감이 들면서 삶의 질은 떨어
질 수밖에 없다.

아마도 문제는 자신이 이해되고 수용되기를 바라는 만큼, 상

230

대방을 이해하고 수용하려는 노력을 기울이지 않을 때 일어나는 것 같다. 혹은 "당신이 나를 먼저 이해한다면⋯."이라는 조건부 전제를 가지고 내 마음을 먼저 열기를 주저할 때 소통의 속도는 더뎌진다.

자신의 마음을 효과적으로 전달하고 이해받기 위해서 먼저 상대방에게 마음을 여는 것이 필요하다. 그러므로 여기서 반복해서 언급하고자 한 것은 열려 있는 마음을 유지하고, 내 마음을 닫아버리는 배타적인 태도를 유발할 수 있는 마음을 경계하는 방법이다.

마음을 닫아버리지 않으려면 차이와 다름에 대해서 평가하고 판단하지 않으려는 노력이 필요하다. 성격도 가치관도 살아온 배경도 서로 다른 개인이 상호 간에 의견을 전달하고 맞추어 가는 과정에서 차이와 갈등을 피할 수는 없다. 부부처럼 깊이 있는 친밀한 관계는 물론이고, 직장에서 만나는 공적인 업무 관계라도 개인적 선호와 성향이 배제된 채 소통이 일어나는 것은 어려운 일이다. 옳고 그름을 판단하는 것은 교육과정을 통해서 익숙하게 훈련된 바이지만, 인간관계의 소통을 위해서 행복감이 늘어났으면 한다면 그 판단은 잠시 미루어두고, 차이와 다름을 인정하고 수용하려고 노력해보자.

『관계의 99%는 소통이다』
저자와의 인터뷰

Q 『관계의 99%는 소통이다』를 소개해주시고, 이 책을 통해 독자들에게 전하고
싶은 메시지는 무엇인지 말씀해주세요.

A 이 책은 예전에 출간한 『팀장의 심리학』을 바탕으로 대인관
계와 소통에 초점을 두고 정리한 책입니다. 관계가 발전하는
과정에서 갈등은 자연스럽게 나타납니다. 이때 소통이 제대
로 이루어지지 않으면 갈등은 더욱 깊어집니다. 이를 달리 말
하면 상호 간의 원활한 소통이 갈등을 해결하는 필수 요소가
된다는 뜻입니다. 그런데 원활한 소통을 위해서는 그것이 양
방향의 과정이라는 것을 이해하고, 자기 생각을 전달하는 것

뿐 아니라 스스로 상대에게 마음을 열고 있는지를 점검하는 일도 함께 이루어져야 합니다.

소통은 분명 일방이 아닌 양방의 것인데, 양자 모두 자신의 생각과 감정을 전달하는 데 집중하다 보니 스스로가 상대방에게 얼마나 마음을 열고 있는가에 대해서는 돌아보지 않는 경향이 있습니다. 그래서 이 책에서는 자신의 마음을 전달하고 더 잘 들을 수 있는 소통의 기술과 함께 자신을 돌아볼 수 있도록 내 안의 소통을 가로막는 태도를 살펴보고자 했습니다.

Q 최근 자신의 의견을 표현하는 경로가 상당히 다양해졌는데요, 그런데도 소통이 제대로 되지 않는 것처럼 느껴지는 이유는 무엇인가요?

A 소통이 양방향의 과정이기 때문입니다. 소통은 표현하는 것만으로는 불완전하며, 일부분이라도 상대방이 이해하고 수용해야 비로소 '소통'이라고 할 수 있습니다. 질문 주신 것처럼 요즘은 자신의 의견을 적극적으로 주장하는 것이 바람직하게 여겨지고, 개개인의 일상과 소소한 감정을 표현할 수 있는 경로도 다양해졌습니다. 하지만 말하는 사람만 많을 뿐 듣는 사람은 충분하지 않습니다. 강조하지만 소통이 주는 만족감은 화자와 청자, 즉 양자가 표현과 수용을 나눌 때 완성됩니다. 이런 과정이 원활하게 이루어지지 않기 때문에 표현 경

로가 많아졌음에도 소통이 제대로 이루어지지 않는다고 느끼는 것입니다.

Q 친분이 없는 불특정 다수와의 소통 채널인 SNS를 통해 자신의 의견을 표현하는 것이 대세가 되었습니다. 그런데도 현대인들이 불안해하고 외로워하는 이유는 무엇인가요?

A "임금님 귀는 당나귀 귀."라고 외친 이발사도 메아리가 대답 해주지 않았다면 답답한 마음을 해소할 수 없었을 것입니다. 카카오톡에서 숫자가 사라지기를 기다리고, SNS에 자신을 표현한 후에 조회 수나 '좋아요'의 숫자에 따라 희비가 엇갈리고, 관심을 끌기 위해 과장되거나 거짓되게 올린 글을 누군가 봤다고 확인하기 전에는 소통의 기쁨이 완성되지 않는 것처럼 누군가의 이해와 공감이 동반되어야 진정으로 소통했다는 느낌을 받기 마련입니다. 이런 측면에서 SNS를 통한 불특정 다수와의 소통은 상대와 진정으로 소통하고 있다는 느낌을 완전히 충족시켜주기에는 아무래도 한계가 있습니다.

Q 책에서 인간관계를 기반으로 한 '마음으로 다가가는 소통'을 말씀하셨습니다. 이 부분에 대해 자세한 설명 부탁드립니다.

A 소통을 잘하려면 언변이 뛰어나야 한다고 생각합니다. 하지

만 관계를 지속하는 데 뛰어난 언변이 발휘할 수 있는 효과는 제한적입니다. 기술이 아무리 좋아도 허점이 있을 수 있고 빈틈이 생길 수 있습니다. 그러므로 소통을 얼마나 잘 받아들이고 이해하려고 노력하는가 하는 것은 상대방에 대한 신뢰, 관계에 대한 신뢰에 따라 달라집니다. 상호 간의 신뢰가 있어야 소통 과정에서 나타날 수 있는 허점을 받아들이고, 빈틈을 채울 수 있습니다.

Q 소통의 기술에는 어떤 것들이 있나요? 자세한 설명 부탁드립니다.

A 우선 경청과 공감이 가장 중요합니다. 상대방의 이야기를 적극적으로 들으며 이해하려고 노력하고 있음을 보여주는 것이 바로 경청과 공감입니다. 자기를 표현할 때는 솔직하고 진정성 있는 태도로 피드백과 질문을 활용합니다. 질문과 피드백은 상대에 대한 관심을 보일 수도 있고, 의견을 구체적이고 명료하게 이해할 수 있게 해줍니다. 만약 부정적인 의견을 전달해야 한다면 상대방을 비난하는 것이 아니라 이슈에 대한 자신의 생각과 감정을 구체적으로 전달하는 '나 전달법'을 활용하는 것이 도움이 됩니다. 여기에 칭찬과 조언까지 활용할 수 있다면 더욱더 활발한 소통을 할 수 있습니다.

Q 소통을 가로막는 7가지 태도를 말씀하셨는데요, 그 중 대표적인 것 하나만 말씀해주세요.

A 자신의 의견을 고수하려는 방어적인 태도는 소통을 방해합니다. 소통에서 방어적 태세를 취하는 이유는 상대방의 견해를 자신에 관한 비난이나 공격으로 받아들이기 때문입니다. 소통 과정을 옳고 그름을 판단하는 평가과정으로 받아들이면, 상대방의 의견을 수용하는 것은 곧 자신이 틀렸음을 의미하기 때문에 방어적인 태세를 갖추게 됩니다. 상대방의 이야기를 경청하지 않고 자신의 정당함을 주장하는 데 몰두한다면 소통의 흐름은 끊길 것입니다. 따라서 관계를 위한 소통은 승패를 가리는 것이 아니라 이해를 심화시키는 것임을 기억해야 합니다.

Q 상황에 따라 적합한 소통 방식이 따로 있다고 하셨는데요, 상하관계에서 소통은 어떻게 해야 하나요?

A 상하관계에서 소통은 상사의 역할이 큽니다. 통상적으로 직장에서 대화의 주도권은 권한을 더 많이 가진 상사가 가지기 때문입니다. 상사의 역할을 중심으로 보면, 우선 다른 관계처럼 부하와 신뢰를 쌓는 것이 중요합니다. 그 신뢰를 바탕으로 구성원을 인격체로 존중하고, 업무에 관심을 기울이며, 적극

적 피드백을 주는 것이 소통을 원활하게 하는 데 도움이 될 것입니다. 특히 주목을 덜 받는 직무를 하는 직원에게는 그들의 동기 수준을 유지할 수 있도록 좀더 관심을 기울이는 것이 필요합니다.

Q 상황에 따른 소통 방식 중 남녀관계에서 소통은 어떻게 해야 하나요?

A 남녀 간의 소통은 성별에 대한 고정관념이나 소통의 방식 때문에 의도하지 않는 갈등을 만들 수 있습니다. 우선 성별에 대한 고정관념에 매어 있지는 않은지 스스로를 점검하고, 업무 이외의 다른 영역에서도 익숙한 습관에 따라 동료를 대하고 있지는 않은지 돌이켜보아야 합니다. 또한 남성은 목적 지향적으로 문제해결을 위한 대화를 추구하고, 여성은 관계 지향적으로 공감을 위한 대화를 추구한다는 전반적 특징을 고려하되, 의사소통 방식의 차이를 상대에 대한 부정적 선입견으로 일반화하지 않도록 주의해야 합니다.

Q 소통이 까다로운 유형들이 있을 텐데요, 이 유형들과는 어떻게 소통하는 것이 좋은가요?

A 유난히 불평불만이 많은 사람, 항상 침체되어 있어서 우울하고 의욕이 없는 사람, 별말 아닌데 발끈해서 공격적인 태세를

취하는 사람에게는 다가가는 것이 조심스럽습니다. 사적인 관계가 아니라 그들과 업무를 함께해야 한다면 피할 수 없는 것이 현실입니다. 그러므로 우선 상대방의 행동을 도덕적이나 자신의 가치관에 비추어 판단하지 않아야 감정적인 반응이 나타나는 것을 조절할 수 있습니다. 그다음 상대의 태도를 수정하기보다는 주어진 과제에 집중해서 과제 해결에 필요한 영역을 중심으로 구체적으로 소통해보세요.

Q "갈등과 차이를 두려워하지 마라."라고 말씀하셨습니다. 어떤 의미인지 설명 부탁드립니다.

A 사람은 모두 다릅니다. 각기 다른 사람들이 서로 의사를 전달하려고 할 때 차이가 생기는 것은 매우 자연스럽고 당연한 일입니다. 결국 소통은 그 차이를 이해하려는 적극적인 노력인 것 같습니다. 만일 다름에 대해 편견을 가지거나 불편하다는 이유로 피하려고 한다면 소통은 단절됩니다. 다른 것에 대한 호기심과 새로운 것을 기꺼이 받아들이려는 자세를 가진다면 개방적인 태도를 유지하고 소통을 원활하게 하는 데 도움이 될 것입니다.

소통은 어느 한 사람의 마음을 전달하는 일방적 과정이 아니라,
서로 마음이 왕래하는 양방향 과정이다.

독자 여러분의
소중한 원고를 기다립니다

★ 메이트북스는 독자 여러분의 소중한 원고를 기다리고 있습니다. 집필을 끝냈거나 혹은 집필중인 원고가 있으신 분은 khg0109@hanmail.net으로 원고의 간단한 기획의도와 개요, 연락처 등과 함께 보내주시면 최대한 빨리 검토한 후에 연락드리겠습니다. 머뭇거리지 마시고 언제라도 메이트북스의 문을 두드리시면 반갑게 맞이하겠습니다.